ローフードBASICS

Raw Food Made Easy : For 1 or 2 people

Jennifer Cornbleet ｜ ジェニファー・コーンブリート 著
Naohiro Maeda ｜ 前田直宏 訳

Lemon Juice レモン汁【→p050】

Lemon Juice Variations

Lemon Water 【→p060】
Lemon Herb Dressing 【→p118】
Lemon Glaze 【→p183】

Frozen Banana 冷凍バナナ【→p048】

Frozen Banana Variations

Banana Shake 【→p190】
Green Smoothie 【→p064】
Berry Smoothie 【→p064】
Banana Pudding 【→p182】

Caesar Dressing シーザードレッシング【→p120】

Green Salad グリーンサラダ【→p107】

1
2
3
4

Marinara Sauce マリナラソース【→p081】

1
2
3
4

Marinara Sauce Variations

Lasagne 【→p132】
Not Meat Balls 【→p133】
Zucchini Pasta al Pesto 【→p138】

Not Tuna Pate ツナ風パテ【→p084】

Not Tuna Pate Variations

Crudités 【→p103】
Stuffed Bell Peppers 【→p139】
California Rolls 【→p130】

Chocolate Mousse チョコレートムース【→p180】

Chocolate Mousse Variations

Chocolate Mousse 【→p180】
Chocolate Tart 【→p177】

Walnut Crust クルミの生地【→p160】

Raw Tart

Tropical Fruit Tart 【→p176】

翻訳補佐	仲里園子・山口蝶子
撮影	前田和司
料理	moe・島宏子
装丁・デザイン	高橋千夏（vivid）
組版	皆見ひとみ

"Raw Food Made Easy for 1 or 2 People"
Copyright © Jennifer Cornbleet
Japanese translation published in Japan by arrangement with Jennifer Cornbleet c/o Book Publishing Co.
through Takagi Shobo, Tokyo.

Raw Food Made Easy for 1 or 2 People ▶▶

Contents

ローフード BASICS 目次

Acknowledgments	感謝のことば	p022
Introduction	はじめに	p024

Chapter 1
Kitchen Setup　　キッチンの準備　p027

Chapter 2
Raw Basics
　ローフードの基本事項　　　　　p033

Chapter 3
Tools and Techniques
　調理器具の説明とその使い方　　p039

Chapter 4
Advance Preparation　事前準備　p045

Chapter 5
Breakfast　　　朝食　　　　　　p053
5.1 Juice　　　ジュース　　　　　p054
5.2 Fruit　　　フルーツ　　　　　p062
5.3 Cereal　　シリアル　　　　　p068

Chapter 6
Menu for Lunch and Dinner
　昼食と夕食の献立について　　　p073

Chapter 7
Lunch and Dinner　昼食と夕食　p077
7.1 Dips, Pâtés, and Savory Sauces
　ディップ、パテ、ソース　　　　p078
7.2 Soups　　スープ　　　　　　p090
7.3 Salads　　サラダ　　　　　　p100
7.4 Salad Dressings　ドレッシング　p114
7.5 Sandwiches　サンドイッチ　　p122
7.6 Entrées　メインディッシュ　　p128
7.7 Vegetable Side Dishes
　　　　　　　サイドディッシュ　p140

Chapte 8
Dessert　　　デザート　　　　　p152
8.1 Cakes, Cookies, and Bars
　ケーキ、クッキー、バー　　　　p153
8.2 Crisps, Pies, and Tarts
　コブラー、タルト　　　　　　　p163
8.3 Mousses, Puddings, and Sweet Sauces
　ムース、プディング、ソース　　p178
8.4 Shakes and Ice Creams
　シェイク、アイスクリーム　　　p188

Chapter 9
Index	用語解説	p192
Recipe Index	レシピ一覧	p202
Afterwords	あとがき	p206
Profile	プロフィール	p207

018

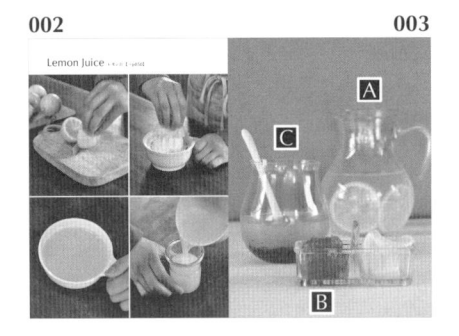

p002
Lemon Juice　レモン汁【→p050】

p003
[A]　Lemon Water　レモン水【→p060】
[B]　Lemon Glaze　レモングレーズ【→p183】
[C]　Lemon Herb Dressing
　　　レモンとハーブのドレッシング【→p118】

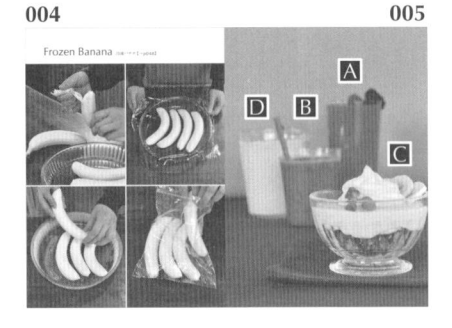

p004
Frozen Banana　冷凍バナナ【→p048】

p005
[A]　Berry Smoothie　ベリースムージー【→p064】
[B]　Green Smoothie　グリーンスムージー
　　　【→p064／アレンジ例】
[C]　Banana Pudding　バナナプディング【→p182】
[D]　Banana Shake　バナナシェイク【→p190】

p006
Caeser Dressing
シーザードレッシング【→p120】

p007
Green Salad　グリーンサラダ【→p107】

p008
Marinara Sauce　マリナラソース【→p081】

p009
[A]　Lasagne　ラザニア【→p132】
[B]　Not Meat Balls　ローミートボール【→p133】
[C]　Zucchini Pasta with Marinara
　　　マリナラソースのズッキーニスパゲッティー
　　　【→p138／アレンジ例】

p010
Not Tuna Pâté　ツナ風パテ【→p084】

p011
[A]　Crudités　野菜スティック【→p103】
[B]　California Rolls　カリフォルニアロール【→p130】
[C]　Stuffed Bell Peppers　パプリカの詰め物【→p139】

p012
Chocolate Mousse　チョコレートムース【→p180】

p013
Chocolate Tart
チョコレートムースのタルト【→p177】
Chocolate Mousse　チョコレートムース【→p180】

p014
Walnut Crust　クルミの生地【→p166】

p015
Tropical Fruit Tart　トロピカルフルーツタルト【→p176】

カバー写真
Lasagne　ラザニア【→p132】

019

Message to Japanese Readers

日本の読者のみなさまへ

　今のところ、ローフードは日本よりも米国で人気のある食事法ですが、今後は日本での人気のほうが高まるかもしれませんね。みなさんありがとうございます！

　日本人は新鮮な野菜が好きですよね。また、おいしく調理するだけでなく、シンプルかつ上品に見た目よく盛り付けることも得意です。『ローフードBASICS』のレシピは、そんな日本人のみなさんの期待に沿っていると思います。葉野菜や色とりどりの野菜を使った、シンプルで軽やかな料理ばかりです。レシピの中に手に入らない野菜があれば、別のもので代用して構いません。それでもおいしく作れます。

　『ローフードBASICS』には、アジア風のレシピもあります。日本人によりなじみの味に仕上がるレシピがあるかもしれません。味噌汁、カリフォルニアロール、春巻き、ピーナッツ風味のソースのズッキーニ・スパゲッティなどを作ってみてくださいね。

　甘いものが好きな方は、ケーキ、クッキー、パイ、プディングなど、デザートの章のレシピを気に入るはずです。乳製品や白砂糖を使わなくていいんですよ！　牛乳や乳製品が苦手な日本人の方がいると聞いています。もしあなたもそうなら、ぜひデザートのレシピを楽しんでくださいね。

　みなさま全員のしあわせな食生活を、そして幸運を願っています。

ジェニファー・コーンブリート

Jennifer Cornbleet

http://www.learnrawfood.com

私の霊的な導師であり教師である、アディ・ダ・サムラジに捧げる

Acknowledgments
感謝のことば

　何年にも渡って、たくさんの友人や生徒から「シンプルで健康的、その上おいしいローフードのレシピ本を作ってほしい」と依頼を受けてきました。実用的で短時間で作れてしかも経済的な、1〜2人分のレシピをみんなが知りたがっていました。ローフーディストでも一般的な食生活の人でもたべられる、どんな人にもなじみのある味の、融通のきく料理です。これらの希望に応えるべく、この『ローフードBASICS（原題：Raw Food Made Easy for 1 or 2 People）』を書きました。そんなリクエストをくれたみなさんに感謝しています。

　私にローフードを紹介してくれた、ホリスティック医学師のケイヴァン・ゴレスタナーに心からの感謝を捧げます。ケイヴァンは才能のあるセラピストでありヒーラーです。彼のおかげで、身体と心の健康を維持するライフスタイルを見つけ、自分自身を癒し、受け入れることができました。ケイヴァンの指導、知識、知恵、思いやり、癒しを受けることができて、本当に幸運に感じています。

　何年も前に、初めて受講したローフードのクラスで、ローフードを教えてくれたノミ・シャノンに感謝しています。このクラスを受けて、いつか自分もローフードを教えることになるだろうと直感しました。何年も私の夢を応援し、アイデアを引き出してくれた私の友人、ニコール・フリードにも感謝しています。

　シェリー・ソリア、ダン・ラダーマン、ディビッド・ロス、パトリシア・ホスキンス、アリシア・オジェダ、カサンドラ・ダーハム、ジュリー・アングファーをはじめとするLiving Light Culinary Arts Instituteのスタッフに感謝しています。Living Lightでは、生徒として、またインストラクターとして、学び、成長し、楽しいときを過ごすことができました。

　また、最高のローフードシェフ、インストラクターである、マット・サミュエルソン、エリーナ・ラブにも感謝しています。マットとエリーナと一緒に働いたり、レシピのアイデアを交換する時間が大好きでした。これからもとても楽しみにしています。

　子供にも好まれる味かどうかレシピを確認してくれた、シンディー・シュイマーとその家族にも感謝しています。シカゴの私の教室を手伝ってくれたシンディーには特に感謝しています。

　Book Publishing Companyのスタッフおかげで、編集、写真撮影、出版のすべてのプロセスがスムーズに運び、楽しむことができました。表紙の私

の写真を撮影してくれたジェニファー・ジェラードにも感謝しています。
　シカゴのローフード料理教室の宣伝に熱心に取り組んでいただいた、シカゴのWhole Foods Marketのマーケティング・ディレクター（ジョイス・チャッコ、キャシー・カンザー、ヴィクトリア・リード、サラ・パレンティ、ミーガン・ボウマン、トロイ・オースメント、エリザベス・ブーマーなど）、Wild Oats Marketsのミランダ・マクイーン、Northshore Cookeryのマーク・ラピデス、Sur La Tableのコネリー・ホフマン、Karyn's Fresh Cornerのカリン・カラブレースに感謝しています。彼らのおかげで、多くの人々とローフードをわかち合うことができました。
　私の両親、ハリーとジョアンヌ・コーンブリートに、心から感謝しています。気の遠くなるほどの時間をかけてウェブサイトの作成に取り組んでくれた母には特に感謝しています。
　厳しく文章を編集し、すべてのレシピを味見してくれた最愛のビルに感謝しています。喜びある日々と信頼と愛情をありがとう。
　最後になりましたが、シカゴにある私の料理教室のアシスタントと生徒に感謝します。コニー・ランバート、キャロル・ロジャーズ、エリー・ウェルトン、クリスティーナ・テイラー、ベリンダ・キュージック、ヴァネッサ・シャーウッドのおかげで、たくさんのクラスを開催できました。そして彼らこそ、ローフードを教えることや、この本を書くことを応援し、私の背中を押してくれたのです。

Introduction

はじめに

みずみずしい果物、シャキっと新鮮なサラダ、ひとつかみのナッツ…。ローフードはかんたんに楽しめる食事法です。これらの新鮮で未加工の食材を使い、かんたんで経済的、そして何よりもおいしい料理を作る方法を、できるだけ数多くお伝えしたいと思っています。

より多くのローフードをたべて欲しい1つめの理由は、それがシンプルだからです。加熱調理しなければ、台所にいる時間が少なくてすみます。さらに言えば、実際、台所にいる必要さえありません！ 1人もしくは2人暮らしでおいしい食事がすぐ欲しいときや、仕事中にオフィスで健康的なおやつを軽くつまみたいとき、ガスレンジのない寮に住む学生や、ホテルに滞在する旅行者にとっても、ローフードは一番のファーストフードです。

2つめの理由は、多くの野菜と果物をたべることが、最高の健康を手に入れ、最適な体重を維持するのに一番かんたんな方法だからです。この本に記載したレシピは、白砂糖や精製された小麦粉のような身体に良くない炭水化物、飽和脂肪やトランス脂肪のような身体に良くない油など、退行性の病気や体重増加の原因と疑われる食材は使いません。さらに、生の葉野菜、根菜、果物、ナッツ、種子には、ビタミン、ミネラル、フィトケミカル、酵素、繊維質が含まれています。つまり健康な身体に必要不可欠なものすべてです。これらの栄養素は病気や肥満を防ぐだけでなく、老化のプロセスを遅らせ、活力を増加させます。

ベジタリアンもしくはヴィーガンの方でも、ローフードの料理を取り入れることにより、調理された野菜とでんぷん類だけの食生活よりも、多様な栄養素を大量に摂取できます。この本のレシピは、ローフード以外の料理と柔軟に組み合わせることができるからです。常に100％のローフードの食生活を厳格に送っている人はほんのわずかしかいません。誰もがローフードを取り入れることで、現在楽しんでいる食生活を改善できるのです。

一番シンプルなローフードは準備の必要がありません。ただリンゴをかじればいいのです。反対に、高価な器具と珍しい食材を用いて、発芽、発酵、乾燥など多くの事前準備が必要となる精巧なローフード料理もあります。この本ではシンプルと精巧という両極の心地よい中間地点を目指しています。

この本のレシピは少しの器具しか必要としません。すでに持っているものもあるでしょうし、もしなければ、手軽に安く購入することができます。この本に出てくる食材はほとんどのスーパーで手に入れることができ、しかも調理もかんたんなので、料理の初心者でも問題なく作れます。

ローフードにはおいしい定番レシピが何百とありますが、おいしい上にかんたんに作れるレシピは限られています。たとえば、コブラーは10分で作れますがレイヤーケーキは10分では作れませんし、ワカモレはアボカドサルサよりもかんたんに作れます。『ローフードBASICS』では、いつでも失敗なく数分で作れ、毎日たべることができるレシピを選びました。

　この本は「いつ何をたべるのか？」の参考になるよう、朝食、昼食と夕食、デザートにわけて構成されています。参考となるページを見て、どのように料理を組み合わせるかの指針にしてください。ローフードだけをたべていると、食欲を満たしつつ、食後も身体が軽いままでいられます。各章には、加熱した料理を献立に加える際のアドバイスも載せました。

　調理するレシピが決まったら、まずアーモンドなどのナッツを数時間浸水させるような事前準備【→p033】が必要かどうか確認しましょう。いくつかの準備を事前にすませておけば、それだけで、ほとんどのレシピはすぐに作れるようになっています。事前準備が完了したら、必要な調理器具と食材をすべてキッチンカウンターに用意しましょう。調理器具と食材の準備がすんでいれば、数分で料理を作り上げることができます。食材、器具、調理の方法でわからないことがあれば、「用語解説」【→p192】か「調理器具の説明とその使い方」【→p039】を確認して下さい。

　最後に2つの注意点です。1つめの注意点は辛味調味料です。この本のレシピはごく平均的な味覚に合わせてありますので、ニンニク、タマネギ、カイエンペッパーなどの辛味調味料は中程度の量が記載されています。しっかりした味付けを好む方は、これらの調味料の量を増やしてみてください。軽くしたいときには、辛味調味料は少量から始め、味見をしながら調整してください。2つめの注意点は、1回に作る量です。1人分のレシピを2倍量で作るのは問題ありませんが、2人分のレシピを半分にはできません。ミキサーやフードプロセッサーが効率的に動くのに最低限の量が記載されているからです。レシピを半分量にせず、たべきれない分は次の日の食事として保存しておきましょう。

はじめに｜Introduction

Chapter 1

Kitchen Setup

キッチンの準備

ローフードBASICS

適切な調理器具と食材をキッチンに揃えておけば、調理がよりかんたんになります。この章では、必要となるすべての調理器具と食材のリストを紹介します。これらが手元にあれば、この本のレシピをすべて作ることができます。でも、すぐにすべてを揃える必要はありません。包丁とまな板と2〜3種類の食材で作れるレシピもたくさんあります。

Kitchen Setup ▶▶

Kitchen Equipment

キッチン用品

器具は使う場所か、その近くに置きましょう。無駄に器具を移動せずにすんで、作業効率が上がります。ジューサーはシンクに近い場所に、ミキサーとフードプロセッサーは、食材を切るカウンターの上に置きましょう。その他の調理器具も、カウンターからかんたんに手が届く場所に置いておきます。

■ Appliance
電気器具

ミキサー
フードプロセッサー
ジューサー
コーヒーミル（フラックスシードを挽くため）
＊オプション
アイスクリームメーカー　＊オプション

■ Bowls, Pans, and Utensils
ボウル／型／台所用品

オーブン皿（陶器かガラス、角型、20センチ四方）
竹製の巻きす
チーズ用のガーゼ、網目のスクリーン
（スプラウト育成用）＊オプション
レモンしぼり器
水切りザル
ニンニクしぼり器
グレーター
おろし金（マイクロプレーン社推奨）＊オプション
野菜スライサー　＊オプション
広口のガラスビン（1リットルサイズ）
計量カップ（粉用）
計量カップ（液体用、1カップと2カップ）
（訳者注：米国での1カップは237mlです。この本は米国のカップを基準にレシピ化されています。）
計量スプーン
ボウル（小と中）
ピーラー
ガラス製のパイ皿（23センチ）

ココット皿　2つ（170グラム）＊オプション
サラダスピナー
小さめの片手鍋（スープを温めるため）＊オプション
ゴムベラ
ケーキサーブ用のへら
ナッツミルクバッグ
（アーモンドミルクをこすため）＊オプション
目の細かいこし器
底が抜けるタルト型（23センチ）
底が抜けるタルト型（13センチ、2個）
やかん
トング
回転式野菜スライサー
泡立て器

■ Knives and Cutting Boards
包丁とまな板

木製か竹製のまな板
砥石
ナイフスタンド
包丁（20センチのシェフナイフでも、
日本の三徳包丁でもよい）
果物ナイフ
刃がギザギザなナイフ（13センチ）
包丁研ぎ器　＊オプション
キッチンばさみ

キッチン用品 | Kitchen Equipment

Kitchen Setup ▶▶

Kitchen Staples

常備保存する食材

　以下のアイテムをキッチンに揃え、必要に応じて補充しましょう。ナッツと種子のオイルは冷蔵庫に、エクストラバージンオリーブオイルは室温で保管します。調味料やドライフルーツは、直射日光や熱に当たらない冷暗所か戸棚に保管します。デーツは室温で2ヶ月間、冷蔵庫に6ヶ月間、冷凍庫に1年間保管できます。ナッツや種子は、ローストではなく、必ず生のものを買いましょう。ナッツと種子は密閉容器に入れて冷蔵庫で3ヶ月、冷凍庫で1年間持ちます。

■ Dried Fruits
　ドライフルーツ

乾燥リンゴ
デーツ（マジョール）
干しイチジク（ブラックミッション）
ドライマンゴー
ドライプルーン
レーズン（ゴールデン、トンプソン）

■ Frozen Fruits
　冷凍フルーツ

ブラックベリー
ブルーベリー
さくらんぼ
桃
ラズベリー

■ Dried Herbs and Spices
　乾燥ハーブとスパイス

バジル
黒こしょう
カイエンペッパー
シナモンパウダー
クミンパウダー
ディル
ガーリックパウダー
オニオンパウダー
オレガノ
パプリカ

■ Oils and Vinegars
　お酢と油

リンゴ酢
バルサミコビネガー　＊オプション
エクストラバージンオリーブオイル

■ Raw Nuts and Seeds
　生のナッツと種子類

アーモンド
カシューナッツ
細切り乾燥ココナッツ
マカデミアナッツ　＊オプション
ピーカンナッツ
松の実
ひまわりの種
クルミ

■ Sweeteners and Seasonings
　甘味料と調味料

純正メープルシロップ、またはアガベシロップ
白味噌
精製されていない塩
醤油（醤油、たまり醤油、ブラッグリキッドアミノ）

■ Miscellaneous
　その他

生アーモンドバター
アーモンドエクストラクト
ケッパー
キャロブ、またはココアパウダー
ディジョンマスタード
海苔
ひき割りの全粒オーツ麦
押しつぶしたオーツ麦
種を取ったカラマタオリーブ
タヒニ（生の練りゴマ）
ドライトマト（乾燥、またはオイル漬け）
バニラエクストラクト

Kitchen Setup ▶▶

Weekly Groceries

毎週購入する野菜と果物

以下の新鮮な野菜と果物があれば、この本のほとんどのレシピに対応することができます。1人分の量を掲載しています。2人分必要であれば2倍量を用意しましょう。

■ Produce　生鮮食品

リンゴ　1個
アボカド　2個
バジル　1束（約60グラム）
赤パプリカ　1個
ニンジン　2本
セロリ　1束
コリアンダー　1束（約60グラム）
キュウリ　2本
季節の果物　3～4個
ニンニク　1片

ケール　1束（約1パウンド）
レモン　2個
サニーレタス　1個
ロメインレタス　1個
タマネギ　1個
パセリ　1束（約60グラム）
ほうれん草　1束（約280～450グラム）
またはサラダ用ほうれん草　1袋（約280グラム）
トマト　2個
ズッキーニ　2本

Chapter 2

Raw Basics

ローフードの基本事項

ローフード**BASICS**

Raw Basics ▶▶

Why and How to Soak Raw Nuts and Seeds

ナッツや種子を浸水する理由とその方法

ナッツや種子を浸水せずに使い、乾いた食感に仕上げるレシピもあります。しかし、数時間水に浸けておけば、ミキサーやフードプロセッサーで粉砕しやすくなります。特にナッツミルク、ソース、ドレッシング、パテを作るときに大切です。十分な時間をかけて浸水する必要がありますが、浸水時間が長すぎるとふやけて味が抜けてしまいます。浸水するときは、ナッツや種を広口のガラスビンに入れます。水で満たしてふたを締めて、指定された時間、室温で浸水します。ひまわりの種とクルミは6時間以上浸水させても問題ありません。少しだけ噛み応えが柔らかくなります。浸水後は、水切りザルかこし器に入れて、2〜3分乾かしてから保管しましょう。乾かすことで歯応えを保ち、より長く冷蔵庫で保存できます。浸水させたアーモンドとクルミは5日間、ひまわりの種は最長で3日間持ちます。(それ以降は茶色になり、少し苦くなってしまいます。)

ナッツや種子を浸水する目安
浸水させたナッツや種が必要なレシピでは浸水後に計量しましょう

浸水前	浸水前	浸水時間	浸水後
アーモンド	1カップ	8〜12時間	1と1／2カップ
クルミ	1カップ	4〜6時間	1と1／4カップ
ピーカンナッツ	1カップ	4〜6時間	1と1／4カップ
ひまわりの種	1カップ	4〜8時間	1と1／3カップ
ゴマ	1カップ	4〜6時間	1と1／4カップ
カシューナッツ	1カップ	2時間	1カップ

Raw Basics | ローフードの基本事項

Raw Basics ▶▶

Why and How to Soak Dried Fruits

ドライフルーツを浸水する理由とその方法

　ドライフルーツを使うレシピでは、ドライフルーツを浸水するかしないかは常に指定されています。デーツ、アプリコット、イチジク、レーズンなどのドライフルーツは10〜30分ほど水に浸けてから粉砕すると柔らかな食感になり、ナッツミルク、プディング、タルトのフィリング、ソースなどに使えます。レーズン、ドライチェリー、ドライクランベリーなどをサラダに入れるときには2〜3分、水に浸けて、ふくらませるといいでしょう。ドライフルーツを浸水する時には、ボウルに入れ、水をかぶるぐらいに入れて10〜30分ぐらい置きます。よく水を切り、すぐに使いましょう。

　ケーキ、クッキー、タルト生地に使うときには、ドライフルーツは乾いたまま使うので、浸水してはいけません。ドライトマトを使うときはいつでも30分〜2時間ほど浸水してください。オイル漬けのドライトマトであれば浸水する必要はありません。

Raw Basics ▶▶

How to Store and Ripen Produce

野菜と果物の保存方法と、果物を熟させる方法

　ほとんどの果物と野菜は冷蔵庫で保存することができます。Evert Fresh Green Bag という通気性のあるビニール袋を使うと、より長持ちさせることができます。一方、バナナとトマトは冷蔵庫に入れてはいけません、柔らかくなり味が落ちます。タマネギとニンニクも室温で保存しましょう。アボカド、バナナ、西洋ナシ、プラム、桃、メロンなど、購入してから追熟する果物もあります。もしそのような果物が熟していなければ、室温に置いて、熟すまで待ちましょう。熟したアボカド、プラム、桃を触ると、柔らかい感触がわずかにあります。熟していないメロンは石のように固く、へたが丸くへこんでいます。熟すとへたの部分がすこし柔らかくなります。バナナは熟すと茶色いソバカスが出てきます。完熟になったアボカド、洋ナシ、プラム、桃、メロンをすぐにたべないときは冷蔵庫で保存することにより、さらに数日間は持たせることができます。

　切った野菜や果物を保存する場合は、再利用可能な食品保存用のビニールの袋か、Evert Fresh Green Bag に入れ、袋の中の空気をできるだけ押し出して、冷蔵庫で保存しましょう。ちぎった葉野菜、半分に切ったアボカド、リンゴ、トマトは最長で2日間持ちます（半分に切ったアボカドは種を取らずに保存しましょう、変色を防げます）。半分に切ったキュウリと赤パプリカは最長で5日間、半分に切ったタマネギは最長で1週間持ちます。

Raw Basics ▶▶

How to Clean Produce

野菜や果物の洗い方

　ほとんどの野菜と果物は、水で洗っただけできれいになります。皮をむかない野菜や果物は野菜用ブラシで洗えば表面がきれいになります。きのこ類はふやけてしまうので水洗いせずに、湿らせたペーパータオルで軽く拭きましょう。

　葉野菜は、通常洗った後に乾かす必要があります。切らずに1枚で使う場合は、湿ったペーパータオルで拭きます。こうすると乾かす必要がありません。ケールやコラードから茎を取り除く場合は、下向きに茎を持ちます。親指と人差し指で茎元をつまみ、葉をちぎりながら茎にそっておろしていきます。ほうれん草やバジルは、単純に茎をちぎり取りましょう。

　ちぎったリーフレタスを使う時は、洗う前に葉をちぎり、洗い、サラダスピナーで水を切ります。バジルやほうれん草も同様に洗い乾かしましょう。パセリ、コリアンダー、ディルは、茎を握り、水を張ったボウルの中で振って洗います。ボウルから出し、振ってよく水を切り、重ねたペーパータオルではさみ、残った水気を取り除きます。

Warming Up Raw Food

ローフードを温める方法

　ほとんどのローフードは、室温でたべるのが一番おいしいです。冷やしてたべるもの以外はたべる

10～30分前に冷蔵庫から出しておきましょう。スープを温めるには、小さい片手鍋に注ぎ、絶えずかき混ぜながら、2～3分弱火で温めます。デザートを温めるには、一番低い温度（93度以下）でオーブンを予熱したあと、スイッチを切った状態でデザートを15分間温めます。もしくは40度に設定したディハイドレイターで30分間温めます。

Easy Snacks

かんたんなおやつ

　3度の食事だけで満足できる人もいれば、食事の合間におやつが欲しい人もいます。おやつは素早く準備できて、かんたんに持ち運べるといいですね。

　新鮮な果物は、そのままでおいしいおやつになります。朝食のジュースが残っていれば、午後、元気づけに飲むことができます。タンパク質を摂取したいときは、浸水したアーモンド【→p034】をたべてみてください。干しイチジクやデーツと一緒にたべるとおいしいです。甘いものを避けている場合は、薄切りのキュウリと合わせてもおいしいですよ。マカデミアナッツとレーズンの組み合わせは高カロリーで、ハイキングに持参するスナックとして最適です。アーモンドバター【→p047】は、野菜や果物に塗ってたべると満足感のあるおやつになります。バナナやセロリの茎にアーモンドバターを塗り、レーズンを少し乗せてたべてみてください。また、セロリ、ニンジン、キュウリのスティックにアーモンドバターを付けてもおいしいですよ。

　1日に3度の食事ではなく、少量の食事を5回に分けてたべたいときも、この本の多くのレシピが使えます。午前中のおやつには、ロースープか野菜スティックとディップの組み合わせがおすすめです。午後に甘いものがたべたくなれば、健康的なローデザートをたべましょう。

Chapter 3

Tools and Techniques
調理器具の説明とその使い方

ローフードBASICS

　質の良い包丁と丈夫なまな板が一番大切です。包丁とまな板に加えて、少しの調理器具と電気調理器具があれば、調理の幅が広がり作業の効率も上がります。ローフードを作るのが楽しくなりますよ。

Tools and Techniques ▶▶

Cutting Boards and Knives

まな板と包丁

　まな板は木製か竹製が一番おすすめです。プラスチック製だとプラスチックの切りくずが食材に入り込んでしまうことがあります。木製のまな板はわずかに弾力性があって切りやすいです。プラスチック製だと弾力性がなく固いので食材を切りづらく、包丁の切れが鈍くなります。すべらず大きめで頑丈な作りのまな板を用意しましょう。材料が少量のときに使えるように、2枚目のまな板として小さめのものを用意してもいいでしょう。片面を果物用、もう一方の面を野菜用にすれば、果物と野菜の味や匂いが混ざるのを防げます。水に濡らしたスポンジと低刺激の食器用洗剤で洗いましょう。

　約20センチの包丁は必需品です。固めの野菜や果物を薄切りにしたり、刻んだり、みじん切りにするのに使います。良いシェフナイフは数年持ちます。ヨーロッパスタイルのシェフナイフでも、日本の三徳包丁でもお好みで構いません。購入する前に、実際に握って使う感覚を確かめてください。

　正しい切り方で包丁を使えば、時間とエネルギーを節約できます。柄の刃に近い部分を握り、親指は刃の側面か上部に置きます。刃先は食材のむこう側のまな板に当てます。刃の中央で切り始めます。そっと刃を前に押し出しながら切り下げます。刃を戻してくり返します。もう一方の手で食材を押さえます。押さえる方の手の指先は、傷つけないように内側に曲げてしまい込みます。

　タマネギ、ニンニク、ハーブなどをみじん切りにするときは「扇型の切り方」で対応しましょう。刻んだ食材をまな板の上の中央に集めます。ナイフの先を食材の山のむこうのまな板に当てます。包丁を握っていない方の手のひらを、刃の上部に置きます。刃先をまな板に当てたまま、刃先を中心に、左右に扇形に移動しながら、刃を素早く上下させます。時々、食材の山を中央に集め直しながら、お好みの細かさになるまで、みじん切りを続けます。まな板の上で食材を集めるとき、決して刃先ですくいとらないでください。包丁の切れが鈍ります。包丁の背を使ってすくいとりましょう。また、S型ブレー

Tools and Techniques ｜調理器具の説明とその使い方

ドを付けたフードプロセッサーでみじん切りにすることもできます。タマネギやハーブを粗く刻んでプロセッサーに入れ、パルスボタンを何度か押して、お好みの細かさになるまで、みじん切りにしましょう。（ニンニクは、皮をむけば、そのままフードプロセッサーにかけることができます。）

カリフォルニアロール【→p130】、トマト、マッシュルーム、オリーブ、柑橘類、キウイ、プラム、桃など、柔らかい野菜や果物を切るときは、約13センチの刃がギザギザなナイフか果物ナイフが最適です。包丁で切るときとは逆で、これらのナイフは手前に引きながら切りましょう。刃がギザギザなナイフは、柑橘類の白い薄皮をしっかり取り除きたいときに役立ちます。柑橘類の両端を切り取って、どちらかの断面を下にして、まな板に乗せます。果物の丸みに沿って、上から下へ外皮を切り、果物を回転させながら外皮全体を切り取っていきます。その後、白い薄皮から果肉を取り外すことができます。

包丁にはお手入れが必要です。包丁入れかナイフスタンドに入れて保護します。切れ味を保つために、砥石で定期的に手入れします（鋼製のナイフや刃がギザギザなナイフは、砥石で手入れしてはいけません）。刃が切れなくなってきたら、Chef's Choice 社の Multi-Edge Manual Sharpener で手入れすることをおすすめします。一般的な砥石よりも使いやすく、刃がギザギザなナイフにも対応します。さらに、調理器具店、食料品店、自然食品店などで、年に1回は専門家に手入れしてもらうことをおすすめします。

アボカド、マンゴー、トマト、キュウリなど、特別な切り方が必要となる食材もあります。アボカドの皮をむくときは、アボカドを縦向きにまな板の上に置き、種に届くまで包丁で切り込みます。そして、種のまわりを包丁の刃が一周するように、アボカドを回転させます。刃を一周させたら、アボカドをひねって2つに分けます。刃の柄に近い部分の角を種に刺して包丁ごと種を横にひねると、種を取ることができます。スプーンで皮から果肉をすくいとりましょう。アボカドを薄切りやマッシュにできます。

マンゴーの皮をむき果肉を切るときは、まず種のまわりの果肉を縦に4つに切り分けます。スプーンで果肉を皮からすくい、皮は捨て、すくった果肉を薄切りにするか角切りにします。もしくは最初に果物ナイフで皮をむいてから、果肉を種から切り分けて、薄切りや角切りにすることもできます。

トマトの種を取り除き、食感を良くするレシピもあります。トマトの種を取り除くには、果物ナイフでヘタを切り取ります。そしてトマトを横に切り上下半分にして、指かスプーンで種を取り除きましょう。

包丁の基本的な技術を身に付けると、料理の見た目が良くなりますし、調理がより楽しく、より効率的になります。1人で本を読みながら包丁の技術を学ぶのは難しいです。教室やビデオの情報、調理器具店や料理学校で包丁の使い方を学ぶことができます。一番大切なのは練習です。正確に切ることに集中していれば、少しずつすばやく切れるようになるでしょう。

Tools and Techniques ▶▶

Other Manual Tools

調理器具

　ニンジンやズッキーニを少量だけ粗くおろすには、箱型のおろし器（四面がおろし金になっているもの）が便利です。大量におろすときは、フードプロセッサーにおろし用の刃をセットして使いましょう。ショウガやナツメグをおろしたり、レモン、ライム、オレンジの皮を削り取るには、板状のおろし器が便利です。

　ニンジンは粗くおろすかわりにピーラーでリボン状に切って、カリフォルニアロール【→p130】、ガーデンラップ【→p129】、生春巻き【→p135】などの具に入れることができます。リボン状に切るには、ピーラーで縦に切り取りながら、少しずつニンジンを回転させて刃のあたる場所をずらしていきます。キュウリやズッキーニでも、種の部分に達するまで同様に切り取ることができます。

　回転式野菜スライサーを使って、ズッキーニ、バターナッツスクウォッシュ、ニンジン、キュウリ、ビーツ、パースニップ、大根、セロリの根を、繊細な極細のスパゲッティーにすることができます。もし回転式野菜スライサーがなければ、ピーラーでズッキーニをリボン状に切り取り、ズッキーニのフェットチーネを作りましょう。

　野菜スライサーを使えば、野菜を均一にとても薄く切ることができます。1万円以上するフランス製でステンレスの野菜スライサーを購入する必要はありません。安価な日本製のもので大丈夫です。京セラ製のセラミックのものや、Borner社のV字型のスライサーでもいいでしょう。

　ナッツミルクバッグは、アーモンドミルクやその他のナッツミルクをしぼるのに役立ちます。ナッツミルクバッグがなければ、目の細かいこし器でこすこともできます。

　しっかりと巻かれた見栄えの良いのり巻きを作るには竹製の巻きすが必須です。自然食品店やアジア食材店で100〜200円で購入できます。

Tools and Techniques ▶▶

Electric Appliances

電気調理器具

ミキサーがあれば、スムージーやクリーミーなスープ／ソース／ドレッシングが作れます。この本のレシピは安価なミキサーでも対応できますが、最終的には高速ブレンダー Vita-Mix が欲しくなるかもしれません。ミキサーにかけるときには、まず一番柔らかい材料と少量の液体を入れて攪拌します。その後で残りの材料を入れ、なめらかになるまで攪拌します。何度かミキサーを止めて、容器内側の側面についた材料をゴムベラでかきおとします。液体を注いで攪拌を繰り返し、お好みの濃さになるまで続けましょう。

フードプロセッサーがあれば、食材を刻む、みじん切りにする、挽く、粗いピューレ状にすることができます。おいしいパテや歯ごたえのあるソース、ケーキ、クッキー、タルト生地などが作れます。最初は安価なフードプロセッサーでかまいませんが、最高の性能や耐久性を持つクイジナート社の製品をおすすめします。1～2人分のレシピであれば、3カップサイズのフードプロセッサーが理想的です。この本のほとんどのレシピは3カップサイズが最適ですが、ケーキ、パイ生地など、より多くの材料を必要とするレシピでは7カップサイズのものが必要になります。もし7カップサイズのフードプロセッサーがなければ、ケーキやパイ生地は2回に分けて作りましょう。どのフードプロセッサーも材料が容器の半分以下であれば、よく粉砕できます。

フードプロセッサーにS型ブレードをつければ、食材を刻む、みじん切りにする、挽く、ピューレ状にすることができます。みじん切りにするときは、パルスボタンを使って断続的に粉砕します。そうやって細かくなりすぎることを防ぎます。S型ブレードで粉砕するときには何度か回転を止め、ゴムベラで側面についた食材をかきおとすとよいでしょう。またほとんどのフードプロセッサーには、薄切り用の刃や粗みじん切り用の刃もついてきます。大量の食材の薄切りや、ニンジンやズッキーニを手作業で粗みじん切りしたくないときに便利です。より細かい作業が必要であれば、購入したモデルに装着できる、2ミリ幅の薄切り用の刃と、細かいみじん切りの刃をクイジナート社に注文することができます。

様々な種類、様々なブランドのジューサーが販売されています。4,000円ぐらいから購入できます。使うのが初めてであれば必要最小限のモデルで大丈夫ですが、毎朝使うのであれば、葉野菜から最大限のジュースを抽出できる低速回転のジューサーを購入してみてください。低速回転ジューサーは低温でしぼるのでジュースの中の栄養素と酵素を壊しません。よって低速回転ジューサーで作られたジュースは、数時間前に作っておいても、味や栄養が大幅に損なわれることがありません。

Tools and Techniques ▶▶

How to Follow Recipes and Measure Ingredients

レシピの読み方と材料の測り方

　　各レシピの材料は、使う順に記載されています。好みの濃度まで薄められるように、水が最後に記載されているレシピも多いです。アボカドや生のハーブも最後に記載されていることが多いです。アボカドや生のハーブを粉砕しすぎると、繊細な食感と味わいを損なってしまうからです。

　　計量する前に、どのような下処理が必要かを確認しましょう。ナッツを挽くまたは浸水する、野菜をおろす、薄切りにする、刻む、またはみじん切りにするべきでしょうか？　葉野菜はきつく詰めて計量すべきでしょうか？　デーツは種を取っておくべきでしょうか？　計量前に、レシピで指定された下処理をすませておく必要があります。もし「デーツ 1と1／2カップ、浸水する」と記載されていれば計量してから浸水しましょう。「浸水したアーモンド 1と1／2カップ」と記載されていれば、浸水してから計量しましょう。

　　粉用の計量カップと計量スプーンはステンレス製のものを購入すれば長持ちします。常に計量カップと計量スプーンのふちまで材料を入れます。液体用の計量カップも購入しましょう。液状の材料を注ぎ入れるのがよりかんたんになります。

Chapter 4

Advance Preparation
事前準備

ローフードBASICS

　1時間ぐらいかけて事前準備を毎週すませておけば、多くのレシピをとても手早く作ることができます。ニンニクのみじん切り、タマネギのみじん切り、レモン汁は、各レシピでは少量しか用いませんが、冷蔵庫で1週間持つので、事前に多めに作っておけば調理時間を節約できます。パセリのみじん切りや浸水したナッツや種子は2〜3日しか持たないので、一週間に2回以上準備する必要があります。アーモンドミルク【→p046】は牛乳のかわりになるナッツミルクです。そのままでも、シリアルに注いでも、シェイクの材料にしてもおいしいです。アーモンドを浸水した翌日、1週間分のアーモンドミルクを作ってしまいましょう。

　ディップ、パテ、ソース、ドレッシング、デザートなどの料理も1週間持つので、事前に準備できます。2種類のドレッシングと2種類のパテが手元にあれば、1週間はそれだけで大丈夫です。ジュース、スープ、サラダは、作りたてが一番おいしいですが、朝が忙しい人は、前日の夜に野菜を切っておきましょう。

　多くのレシピは様々な用途に使えるので、一度にたくさん作ったからといって毎日同じものをたべる必要はありません。たとえばツナ風パテは、サラダに添えても、パプリカに詰めても、サンドイッチに挟んでも、のり巻きにしてもいいのです。クルミのパテは、サンドイッチ、ローミートボール、トマト重ねにできます。チョコレートムースはそのままたべてもおいしいですし、バニラクリームソースと層状に重ねてパフェに、タルト生地に乗せてチョコレートタルトにもできます。慣れてくれば、あなたのお気に入りの事前準備レシピを見つけることができるでしょう。

手作りの
アーモンドミルクは
市販のナッツミルク
よりも栄養価が高く
数分で作れます。

Almond Milk

アーモンドミルク
［2と1／2カップ、2人分］

| 調理器具 |

計量カップ
計量スプーン
ミキサー
目の細かいこし器、または ナッツミルクバッグ
ボウル(中)
ゴムベラ

| 材料 |

水　2と1／2カップ
浸水したアーモンド　1と1／2カップ
種を取ったマジョールデーツ　3個　浸水する
バニラエクストラクト　小さじ1／2　＊オプション

| 作り方 |

① 水1と1／2カップ、アーモンド、デーツをミキサーに入れる。
（お好みでバニラエクストラクトも入れる。）
なめらかになるまで高速で撹拌する。

② 残りの1カップの水を入れて、なめらかになるまで撹拌する。

③ ボウルにこし器をかけ、②を注ぎ入れる。
ゴムベラでこし器の中のパルプをかき混ぜ上から押し、
できる限りのミルクを抽出する。
もしくはナッツミルクバッグを使ってミルクをしぼる。

④ こし器に残ったパルプを捨てる。密閉容器にミルクを入れ、
冷蔵庫で保存する。

アーモンドミルクは5日間持ちます。分離するので、飲む前によく振りましょう。

| アレンジ例 |

- **ハチミツまたはアガベのアーモンドミルク**：デーツのかわりに生ハチミツ
  大さじ2杯か、アガベネクターを加える。
- **ステビアのアーモンドミルク**：ステビアは自然な甘みを持つハーブ。
  果糖や甘味料を避けるときに使う。デーツのかわりに1包(小さじ1／4)
  のステビアパウダーか、液状のステビア4滴を加える。
- **アーモンドクリーム**：水の量を2カップに減らす。
  アーモンドミルクの手順①の後に、1／2カップの水を加える。
- **セサミミルク**：アーモンドのかわりに、
  浸水したゴマ(外皮の無いもの)1と1／4カップを加える。

Advance Preparation　| 事前準備

Almond Butter

アーモンドバター
［3／4カップ］

アーモンドバターは購入するよりも家で作るほうが経済的です。

| 材料 |

生のアーモンド　1カップ　浸水しない
塩　少々

| 作り方 |

① アーモンドと塩をフードプロセッサーに入れる。
　 5〜10分かけてペースト状になるまで粉砕する。
　 時々止めて、ゴムベラで側面についたアーモンドをかきおとす。
② 密閉容器に入れて冷蔵庫で保存する。

アーモンドバターは最長で3ヶ月持ちます。

| 調理器具 |

計量カップ
フードプロセッサー
ゴムベラ

Ground Almonds

アーモンドパウダー
［1と1／4カップ］

クッキー、ケーキ、タルト生地を作るとき、小麦粉のかわりに使うことができます。

| 材料 |　生のアーモンド　1カップ　浸水しない

| 作り方 |

① アーモンドをフードプロセッサーに入れ、
　 細かい粉状になるまで粉砕する。
② 密閉容器に入れて保存する。

アーモンドパウダーは冷蔵庫で1ヶ月、冷凍庫で3ヶ月持ちます。

| 調理器具 |

計量カップ
フードプロセッサー
ゴムベラ

事前準備 | Advanced Preparation

たべ切れなかったバナナを
冷凍させておけば
いつでも手早く
シェイクを作れます。

Frozen Bananas

冷凍バナナ
［4つの冷凍バナナ、4人分］

|調理器具|

平皿

ジッパーつきビニール袋

|材料|　完熟バナナ　4本

|作り方|

① 皿にバナナを並べて1時間冷凍する。（バナナ同士がくっつくのを防ぐ。）
② ジッパーつきビニール袋に①を入れ、
　　できるだけ空気を抜いてからジッパーを閉じ、冷凍庫に戻す。

冷凍バナナは最長で1ヶ月持ちます。

塩もみキャベツを入れると
サラダに柔らかい
食感が加わります。

Pressed Cabbage

塩もみキャベツ
［2カップ、2人分］

|調理器具|

まな板

包丁

計量スプーン

水切りザル

ペーパータオル

|材料|

キャベツまたは紫キャベツ　1／2個

塩　小さじ1／2

|作り方|

① 包丁でキャベツを縦に切り、中心の硬い芯を取り除く。
　　キャベツの葉を3〜4枚ずつぐらいに分け、それぞれ重ねておく。
② 重ねたキャベツの葉を平たく伸ばし、ななめに細切りにする。
　　残りのキャベツも同様に切る。あるいは、葉巻のようにキャベツの束を
　　きつく巻き、フードプロセッサーの薄切り用の刃で細切りにする。
③ キャベツと塩を水切りザルに入れてトスする。1時間ほど置いて
　　水を出す。軽くキャベツを押して水を抜き、重ねたペーパータオル
　　で挟んで乾かす。密閉容器に入れ冷蔵庫で保存する。

塩もみキャベツは3日間持ちます。

Advance Preparation　|事前準備

Green Leafy Sprouts

スプラウト
[4カップ、4人分]

スプラウトを育てるのには5日間かかりますが毎日の手入れは5分ですみます。スプラウト用の器具があれば手入れを毎日しなくても育てられますよ。

| 材料 |

アルファルファの種とクローバーの種(両方またはいずれか一方)　大さじ2

| 作り方 |

① 種をビンに入れる。水をいっぱいまで入れてふたをする。
　 8〜12時間浸水させる。

② ふたを取り、チーズ用のガーゼか、網目のスクリーンをビンの口に乗せ、
　 Sゴムバンドで留める。排水し、種をすすぐ。
　 すすぐときには、浸水用の水を一度出し、新しい水を入れ直して
　 すすぐ。そしてすすぎの水も出す。

③ ビンを反転させて水切りかごに置き、引き続き排水させる。
　 この方法で5日間、スプラウトを成長させる。
　 すすぎと排水は毎日、朝と夕に行う。
　 最終日に窓辺に4〜6時間置いておく。
　 日光でスプラウトが緑色になる。

④ スプラウトをビンから取り出し、ボウルに入れて水を満たす。
　 すすぎながら、外皮をスプラウトから外す。
　 スプラウトをつかんでボールの中で押し下げながら、
　 浮かんだ外皮と水をシンクに流し捨てる。

⑤ スプラウトをザルに入れて30分ほど自然乾燥させる。
　 ビンか密閉容器に入れて、冷蔵庫で保存する。

スプラウトは5日間持ちます。

| 調理器具 |

広口のビン(1リットルぐらいの大きさ)、ふたとゴム

計量スプーン

四角に切り取ったチーズ用のガーゼか網目のスクリーン

水切りかご

ボウル(中)

事前準備 | Advanced Preparation

急ぐ場合には食料品店の冷凍食品コーナーにある皮のむかれたニンニクを使いましょう。

Crushed Garlic

ニンニクのみじん切り
［1／4カップ］

| 調理器具 |

まな板
包丁
ニンニクしぼり器、またはフードプロセッサー
ゴムベラ

| 材料 |　ニンニク　1個（約15片）

| 作り方 |

① 包丁でニンニクから片を切り出す。包丁の刃を寝かせ、空いた手のひらを刃の側面におき、一度に複数の片を押しつぶす。こうして皮がむけやすい状態にしてから、指で皮をむく。

② ニンニクしぼり器に1片ずつニンニクを入れてしぼるか、一度にフードプロセッサーで粉砕する。時々、粉砕を中断し、側面に飛び散ったニンニクをゴムベラでかきおとす。密閉容器に入れて冷蔵庫で保存する。

ニンニクのみじん切りは1週間持ちます。

Lemon Juice

レモン汁
［約1／2カップ］

| 調理器具 |

まな板
果物ナイフ
レモンしぼり器

| 材料 |　レモン　4個

| 作り方 |

① レモンを横半分に切り、レモンしぼり器でしぼる。密閉容器に入れて冷蔵庫に保存する。

レモン汁は5日間持ちます。

| アレンジ例 |

- **ライム汁**：4個のレモンのかわりに8個のライムをしぼる。

Advance Preparation　| 事前準備

Minced Parsley

パセリのみじん切り
[約3／4カップ]

| 材料 |

パセリ、またはイタリアンパセリ　約30グラム（約1／2束）　水洗いし乾かす

| 作り方 |

① パセリの茎をしっかり押さえて葉の部分を切る。
　 茎の部分はグリーンジュース【→p059】用に取っておく。
② 引き続き葉を刻み、みじん切りにする。もしくはパセリの葉を
　 フードプロセッサーに入れ、パルスボタンを使って、みじん切りにする。
③ 密閉容器に入れ、冷蔵庫で保存する。

パセリのみじん切りは3日間持ちます。

| アレンジ例 |

- **コリアンダーのみじん切り**：パセリのかわりに
  同量の生のコリアンダーを用意する。

| 調理器具 |

ボウル（中）、
水を張っておく

ペーパータオル

まな板

包丁

フードプロセッサー

ゴムベラ

Soaked Oat Groats

浸水したオーツ麦
[2カップ、4人分]

| 材料 |　全粒のひき割りオーツ麦　1と1／2カップ

| 作り方 |

① ボウルにオーツ麦を入れ、水で覆う。8〜12時間、室温で浸水させる。
② 水切りザルで水を切り、よくすすぐ。ボウルに戻し、新しい水で覆い、
　 さらに8〜12時間浸水させる。
③ 水を切り、よくすすぎ、30分ほど水切りボウルの中で自然乾燥させる。
④ 密閉容器に入れ冷蔵庫で保存する。

浸水したオーツ麦は3日間持ちます。

全粒のひき割りオーツ麦は押しオーツ麦よりも繊維や栄養素が含まれています。果物と一緒にアーモンドミルクをかけてたべてもオートミール【→p072】を作ってもおいしいです。

| 調理器具 |

計量カップ

ボウル（小）

水切りザル、またはこし器

事前準備 | Advanced Preparation

Minced Onion

タマネギのみじん切り
［約1／2カップ］

| 調理器具 |
まな板
包丁
フードプロセッサー
ゴムベラ

| 材料 |
タマネギまたは赤タマネギ　半分

| 作り方 |

① 2.5センチ角ぐらいにタマネギを刻む。

② ①をフードプロセッサーに入れ、みじん切りになるまでパルスボタンで粉砕する。タマネギが水っぽくなるので粉砕しすぎないこと。
もしくは包丁でみじん切りにしてもよい。
密閉容器に入れて冷蔵庫で保存する。

タマネギのみじん切りは1週間持ちます。

Chapter 5

Breakfast

朝食

ローフードBASICS

朝ごはんを軽くすませておけば、元気にその日をスタートできます。ジュースや果物は栄養価が高く、カロリーが低いので、消化しやすく朝食にぴったりです。ジュースや果物よりもしっかりしたものをたべたいときには、アーモンドミルクをかけたシリアルをたべてみてください。ローフードに慣れるにつれて、ジュースや果物だけで満足できるようになるかもしれません。

Breakfast ▶▶

Juice

ジュース

　1日に必要とされる量の野菜を取り入れる一番かんたんな方法はジュースを飲むことです。忙しい人でも毎日ジュースを飲めば必要とされる量を摂取することができます。クレンジング効果のある栄養価の高い朝食としても、午後の元気づけとしても飲むことができます。できれば、常にオーガニックに育てられた野菜を使うようにしましょう。特にケールやセロリなどの葉野菜は皮をむくことができないので品質には気をつけたいところ。エネルギー浄化ジュース【→p056】、グリーンジュース【→p059】を定番のレシピにしましょう。栄養価が一番高く、カロリーと糖分が一番低いレシピだからです。それ以外のレシピでは様々なジュースの味わいを楽しんでください。糖分が気になる方は、ニンジン、ビーツ、果物の量を制限し、緑色の葉野菜のジュースを摂ることに重点を置きましょう。その他の料理で残った野菜くずを再利用できます。パセリの茎、ブロッコリーの芯などの野菜のあまりや切れ端を保存しておき、セロリ、キュウリ、ニンジンなどジュースの基本となる材料と合わせて使います。胃が空っぽの時に飲むと、ジュースを素早く消化し、栄養素をより多く吸収することができます。

　高品質のジューサーの方が、より多くの水分を抽出でき、かつ、栄養の損失を抑えることができます（ジューサーについての情報は「電気調理器具」【→p043】と「キッチン用品」【→p028】を参照）。ジュースを作るときは、ジューサーの投入口に合う大きさに野菜を切りましょう。葉野菜向けの低速回転のジューサーを使うときには、ケール、コラード、パセリ、コリアンダーの茎は取り除いたり、刻んだりしないようにしましょう。そのまま、茎の方からジューサーに投入します。セロリやニンジンは固くてジュースにしやすいので最初と最後にジューサーに投入しましょう。そしてニンニクやショウガは最後まで残さず、先に投入するようにしましょう。その後に他の野菜を投入することで、ニンニクやショウガのかけらを押し込むことができます。

Apple Juice

リンゴジュース

［1カップ、1人分］

グラニースミスを使えば、酸味が強く甘みが少なめのリンゴジュースを作れます。

|材料| リンゴ　4個　ざく切り

|調理器具|

まな板

包丁

ジューサー

|作り方|

① 材料をジューサーにかける。

リンゴジュースはすぐにいただきましょう。

|アレンジ例|

- アップルジンジャージュース：材料にショウガ6ミリ片を加える。
- ピンクアップルジュース：リンゴを2個、ビーツを1個、皮をむいたライムを1個、ショウガを6ミリ片。
- グリーンアップルジュース：リンゴジュースをガラスビンに入れる。ブルーグリーンアルジーパウダーかグリーンパウダーを大さじ1杯入れ、ふたを締めてよく振る。

Carrot Juice

ニンジンジュース

［1カップ、1人分］

ジュースにして飲むことがニンジンのベータカロチンを摂取する一番の方法です。

|材料| ニンジン　4本

|調理器具|

まな板

包丁

ジューサー

|作り方|

① 材料をジューサーにかける。

ニンジンジュースはすぐにいただきましょう。

|アレンジ例|

- ニンジンとショウガのジュース：6ミリ片のショウガを加える。
- ニンジンとセロリのジュース：ニンジンを2本、セロリを2本使う。
- ニンジン、セロリ、ビーツのジュース：ニンジンを2本、セロリを2本、ビーツ1／2個を使う。

このジュースは身体に必要な栄養とエネルギーを与えながら身体の解毒を促します。健康を促進する毎日の朝食にも午後の活力剤にもなります。

Energizing-Purifying Juice

エネルギー浄化ジュース
［1と1／2カップ、1人分］

| 調理器具 |

まな板
包丁
ジューサー
レモンしぼり器

| 材料 |

セロリの茎　2本
ニンジン　1本
刻んだキャベツまたは紫キャベツ　1／2カップ
キュウリ　1／4本
ケールまたはコラード　4枚
パセリの小枝　15個
ざく切りにしたブロッコリーの茎　1／4カップ（2.5×10センチ）
ラディッシュ　1個、または大根　2.5センチ片　＊オプション
ショウガ　1片（6ミリ）　＊オプション
レモン汁　小さじ　1と1／2（レモン 1／4個）　＊オプション

| 作り方 |

① セロリ、ニンジン、キャベツ、キュウリ、ケール、パセリ、ブロッコリーの芯、そして、お好みでラディッシュとショウガをジューサーにかける。
② お好みでレモン汁を入れてかき混ぜる。もしくは、レモンの皮をむき、野菜と一緒にジューサーにかける。

エネルギー浄化ジュースはすぐにいただきましょう。

|アレンジ例|

- **甘めのエネルギー浄化ジュース**：ビーツ1/4個、グラニースミスアップル1/4個の両方もしくは一方を材料に加える。ビーツを使うときには、ビーツの葉を2～3枚加えてもよい。野菜ジュースを飲み慣れていない人はこの甘めのレシピを好むことが多いです。

- **アロエのリラックスジュース**：エネルギー浄化ジュースにアロエベラのジュースを大さじ一杯入れる。アロエベラのジュースはアミノ酸を豊富に含み、消化管の痛みを和らげます。

- **エネルギー浄化ジュース完全食バージョン**
  エネルギー浄化ジュースをガラスビンに入れる。
  ブルーグリーンアルジーパウダーかグリーンパウダーを大さじ1杯入れ、フラックスシードの粉かヘンプシードの粉を大さじ1杯入れる。
  ふたを締めてよく振る。
  フラックスシードやヘンプシードは、
  安価で小さなコーヒーミルで挽くことができます。

Grapefruit Juice

グレープフルーツジュース
［1カップ、1人分］

サプリメントよりも自然な方法でビタミンCを摂取することができます。

|材料| グレープフルーツ 2個

|作り方|
① グレープフルーツを横半分に切り、しぼり器でしぼる。
グレープフルーツジュースはすぐにいただきましょう。

|アレンジ例|

- **グリーン・グレープフルーツジュース**：グレープフルーツジュースをガラスビンに入れる。ブルーグリーンアルジーパウダーかグリーンパウダーを大さじ1杯入れ、ふたを締めてよく振る。

|調理器具|

まな板

包丁

オレンジしぼり器

ジュース | Juice

Fasting Juice

断食用ジュース
[6カップ分、1日分の量]

エネルギー浄化ジュースと同じく解毒作用を持つ材料を使いますが1日分作るので分量が多いです。断食向けに水で薄めています。

|調理器具|

まな板
包丁
ジューサー
目の細かいこし器

|材料|

刻んだキャベツまたは紫キャベツ　2カップ（約1/2個）
ケールかコラード　1束（約16枚）
セロリの茎　8本
ニンジン　4本
キュウリ　1本
パセリ　1束（60グラム）
粗く刻んだブロッコリーの茎　1カップ
ビーツ　1個（もしあれば、ビーツの葉も）もしくは、リンゴ　1個　＊オプション
ラディッシュ（小）　4個、もしくは大根　1片（10センチ角）　＊オプション
ショウガ　1片（2.5センチ角）　＊オプション
レモン汁　大さじ2（レモン1個）　＊オプション
天然水または蒸留水　6カップ

|作り方|

① キャベツ、ケール、セロリ、ニンジン、キュウリ、パセリ、ブロッコリーの芯をジューサーにかける。お好みでビーツ、ラディッシュとショウガも加える。
② お好みでレモン汁を入れてかき混ぜる。
　もしくは、レモンの皮をむき、野菜と一緒にジューサーにかける。
③ ジュースを目の細かいこし器でこす。
④ ジュースと同じ量の天然水または蒸留水で薄めて冷蔵庫に保存する。1日かけて飲む。

より甘くしたいときにはビーツかリンゴを入れましょう。
断食時にはブルーグリーンアルジーパウダー、グリーンパウダー、フラックスシードの粉、ヘンプシードの粉はジュースに入れないようにしましょう。

Breakfast｜朝食

Green Juice

グリーンジュース
[1カップ、1人分]

ビタミン、カルシウム、微量ミネラル群を含む栄養たっぷりのジュース。カロリーや糖分が低くダイエットに最適です。

| 材料 |

セロリの茎　3本

ケールまたはコラード　3枚

キュウリ　1/2本　縦に薄切りにする

パセリとコリアンダー　両方またはいずれか一方　1/3束(28グラム)

ショウガ　1片(6ミリ角)　＊オプション

レモン汁　小さじ1と1/2（レモン1/4個）　＊オプション

| 調理器具 |

まな板

包丁

計量スプーン

ジューサー

レモンしぼり器

| 作り方 |

① セロリ、ケール、キュウリ、パセリ、コリアンダー、そしてお好みでショウガをジューサーにかける。

② お好みでレモン汁を入れてかき混ぜる。もしくはレモンの皮をむき、野菜と一緒にジューサーにかける。

グリーンジュースはすぐにいただきましょう。

| アレンジ例 |

- **甘めのグリーンジュース**：リンゴ半分をざく切りにし、材料に加える。
- **抗酸化ジュース**：ブロッコリーの房と茎1/2カップとキャベツのみじん切り1/2カップ、両方またはいずれか一方を材料に加える。
- **完全食グリーンジュース**：グリーンジュースをガラスビンに入れる。ブルーグリーンアルジーパウダーかグリーンパウダーを大さじ1杯入れ、フラックスシードの粉かヘンプシードの粉を大さじ1杯入れる。ふたを締めてよく振る。フラックスシードやヘンプシードは、安価で小さなコーヒーミルで挽くことができます。

Lemon Water

レモン水は浄化作用のある爽やかな飲み物です。温めたレモン水を飲めば寒い朝も身体が温まります。

レモン水

［1カップ、1人分］

|調理器具|

やかん（水を温めるときに使用）
まな板
刃がギザギザなナイフ（13センチ）
レモンしぼり器
計量カップ
計量スプーン
グラスかマグカップ

|材料|

水　1カップ 室温またはやかんで温めておく
レモン汁　大さじ1と1／2

|作り方|

① グラスかマグカップに水とレモン汁を入れ、かき混ぜる。レモン水はすぐにいただきましょう。

Orange Juice

市販のオレンジジュースは殺菌処理されておりビタミンや酵素が失われています。しぼりたてのオレンジジュースは数分で作ることができ1日分のビタミンCを含みます。

オレンジジュース

［1カップ、1人分］

|調理器具|

まな板
包丁
オレンジしぼり器

|材料|　オレンジ　4個

|作り方|

① オレンジを横2つに切る。オレンジしぼり器でしぼる。オレンジジュースはすぐにいただきましょう。

|アレンジ例|

- シトラスジュース：オレンジ2個、グレープフルーツ1個、レモン半分をオレンジしぼり器、レモンしぼり器でしぼる。
- グリーンオレンジジュース：オレンジジュースをガラスビンに入れる。ブルーグリーンアルジーパウダーかグリーンパウダーを大さじ1杯入れ、ふたを締めてよく振る。

Breakfast｜朝食

V-7 Juice

手作り野菜ジュース
[1カップ、1人分]

米国で市販されている野菜ジュース『V8』のような味でもっとおいしいです。

| 材料 |

セロリの茎　2本
熟したトマト(小)　1個　4つに切り分ける
赤パプリカ　1/2個　粗く刻む
キュウリ　1/8本　粗く刻む
パセリとコリアンダーの両方またはいずれか一方　小枝10個
ニンニク　1片
レモン汁　小さじ1と1/2　（レモン1/4個分）
カイエンペッパーまたはホットソース　少々　＊オプション

| 調理器具 |

まな板
包丁
計量カップ
計量スプーン
ジューサー

| 作り方 |

① セロリ、トマト、赤パプリカ、キュウリ、パセリ、ニンニクをジューサーにかける。
② お好みで①にレモン汁とカイエンペッパーを加えて混ぜる。
　　もしくは、レモンの皮をむき、野菜と一緒にジューサーにかける。

手作り野菜ジュースはすぐにいただきましょう。

Breakfast ▶▶

Fruit

フルーツ

　鮮やかな色、丸みを帯びたかたち、甘くてみずみずしい味。こどもたちは本能的に果物にひかれます。大人にとっても果物は非常に優れたたべものです。果物は消化しやすくビタミンを豊富に含み、甘みを欲する気持ちを自然な形で満たしてくれます。果物は朝一番か、ジュースを飲んだ1時間後にたべましょう。糖分に敏感な方は果物をたべる量を少なめに抑えましょう。

Applesauce

アップルソース
［1と1／2カップ、2人分］

| 材料 |

リンゴ　2個　皮をむきざく切り
種を取ったマジョールデーツ　4個　浸水する
新鮮なバジルの葉　4枚　茎を取り除く
シナモン　少々

| 調理器具 |

まな板
ピーラー
包丁
フードプロセッサー
ゴムベラ

| 作り方 |

① ざく切りにしたリンゴの半分とすべてのデーツを
　フードプロセッサーに入れ、なめらかになるまで粉砕する。
　時々止めて側面についたソースをゴムベラでかきおとす。
② 残りのリンゴとシナモンを入れてなめらかになるまで粉砕し、
　密閉容器に入れ冷蔵庫で保存する。

アップルソースは3日間持ちます。

フルーツ | Fruit

忙しい朝でも、スムージーで素早く栄養を摂取。冷凍したベリー類を使えば冷たいスムージーを作れます。

Berry Smoothie

ベリースムージー
［1と1／2カップ、1人分］

| 調理器具 |

計量カップ
ミキサー
ゴムベラ

| 材料 |

水　1／4カップ
完熟バナナ　1本
イチゴかブルーベリーかブラックベリー　1カップ（生、もしくは冷凍）

| 作り方 |

① すべての材料をミキサーに入れ、
　 中ぐらいの速度でなめらかになるまで撹拌する。

ベリースムージーはすぐにいただきましょう。

| アレンジ例 |

- マンゴースムージー：ベリー類のかわりに、
  ざく切りにした完熟マンゴー1カップ分を使う。
- オレンジベリースムージー：皮をむき、房に分けたオレンジ半分を
  材料に加える。
- 桃のスムージー：ベリー類のかわりに、生か冷凍の桃を1カップ分使う。
- クコの実スムージー：クコの実1／4カップを水1／4カップに30分
  浸水させる。クコの実と浸水した水の両方を材料に加える。
- ヨーグルトスムージー：水のかわりに、プレーンかバニラの
  ヨーグルトを1／4カップ使う。
- タンパク質とオメガ3脂肪酸のスムージー：水の量を1カップに増やし、
  プロテインパウダーを大さじ2、アマニ油を大さじ1加える。
- グリーンスムージー：グリーンパウダーを大さじ1、もしくは生の葉野菜
  （ほうれん草、パセリ、ケール、セロリ、ロメインレタス）を1／2カップ加える。

Breakfast ｜朝食

Cantaloupe Smoothie

メロンスムージー

［1と1／2カップ、1人分］

| 材料 |　小さめのメロン　半分

| 作り方 |

① メロンを横に切る。
　　スプーンを使って種を取り捨て、果肉を取りミキサーに入れる。
② 中くらいの速度でなめらかになるまで撹拌する。
メロンスムージーはすぐにいただきましょう。

| 調理器具 |

まな板
包丁
スプーン
ミキサー
ゴムベラ

Piña Colada Smoothie

ピニャコラーダ・スムージー

［1と1／2カップ、1人分］

| 材料 |

オレンジ　半分　皮をむき房に分ける
パイナップル　1／2カップ　ざく切り
完熟バナナ　1本(生、もしくは冷凍)

| 作り方 |

① 冷凍バナナを使う場合は、5分ほど室温で解凍しておく。
② バナナを2〜3個にちぎり、すべての材料をミキサーに入れ、
　　中ぐらいの速度でなめらかになるまで撹拌する。
ピニャコラーダ・スムージーはすぐにいただきましょう。

| 調理器具 |

計量カップ
ミキサー
ゴムベラ

フルーツ | Fruit

ワイングラスに
盛り付ければ
上品な朝食になります。

Berries and Almond Cream

ミックスベリーのアーモンドクリーム添え
［1人分］

|調理器具|

計量カップ
計量スプーン
ボウル(小)
ゴムベラ
ワイングラスまたは
小さなお皿

|材料|

ミックスベリー 1カップ（ブラックベリー、ブルーベリー、薄切りにしたイチゴなど）
純正メープルシロップまたはアガベシロップ　大さじ1
アーモンドクリーム　1／2カップ【→p046／アレンジ例】

|作り方|

① ミックスベリーとメープルシロップを小さめのボウルに入れ、
　　やさしく混ぜ合わせる。
② ①をワイングラスもしくは小さなお皿に置き、
　　その上にアーモンドクリームをトッピングする。
ミックスベリーのアーモンドクリーム添えはすぐにいただきましょう。

この自然の甘みが
楽しめるコンポートは
そのままたべても
お好みのシリアル
【→p068〜p072】と
一緒にたべても
おいしいですよ。

Dried Fruit Compote

ドライフルーツのコンポート
［1〜2人分］

|調理器具|

ボウル(小)
計量カップ
計量スプーン
板状のおろし器
（Microplane社製）
＊オプション

|材料|

水　1／4カップ
ドライプルーンまたはドライアプリコット　4個
レモンの皮またはオレンジの皮　＊オプション
シナモン　少々

|作り方|

① すべての材料を小さめのボウルで混ぜ合わせ、
　　8〜12時間かけて室温で浸水する。
② フォークで軽くつぶし、密閉容器に入れ、冷蔵庫で保存する。
ドライフルーツのコンポートは3日間持ちます。

Breakfast ｜朝食

Summer Fruit Platter

フルーツプレート
[2人分]

おいしさに負けないぐらい
赤やピンクや紫の
果物の色が鮮やかです。

| 材料 |

小ぶりのスイカ　2切れ　＊オプション
ブドウ（赤）　小さめの1房
イチジク　4個　＊オプション
スモモ　2個
さくらんぼ　1／2カップ
イチゴ　1／2カップ

| 調理器具 |

計量カップ
大皿か平皿

| 作り方 |

① すべての果物をお皿の上に魅力的に盛り付けましょう。
フルーツプレートはすぐにいただきましょう。

Tropical Fruit Salad

トロピカルフルーツサラダ
[1人分]

| 材料 |

完熟マンゴー　1個、もしくは小さめの完熟パパイヤ　1／2個　角切り
完熟バナナ　1本　薄切り
キウイ　1個　皮をむき薄切り
ラズベリーまたは薄切りにしたイチゴ　1／2カップ
オレンジクリームソース【→p185】　＊オプション

| 調理器具 |

まな板
包丁
果物ナイフ
計量カップ
ボウル（小）
スプーン

| 作り方 |

① 小さめのボウルに、マンゴー、バナナ、キウイ、ラズベリーを入れて、
　 スプーンでやさしく混ぜ合わせる。
トロピカルフルーツサラダは、そのままか
オレンジクリームソースを添え、すぐにいただきましょう。

Breakfast ▶▶

Cereal

シリアル

　シリアルはアメリカで一番人気のある朝食です。残念ながらほとんどの市販のシリアルは、精製された粉や砂糖から作られていて栄養価が低いです。ローフードのシリアルはナッツ、種子、全粒の穀物を使うため、市販のものより栄養価が高く、深い味わいです。アーモンドミルク【→p046】と一緒にたべるように各レシピには記載されていますが、ライスミルクや豆乳など、お好みのミルクでかまいません。無糖のヨーグルトやメープルシロップ入りのヨーグルトをトッピングしてもおいしいですよ。

Almond Sunflower Cereal

アーモンドとひまわりの種のシリアル
［1人分］

| 材料 |

浸水した生のアーモンド　大さじ2
浸水した生のひまわりの種　大さじ2
浸水した生のクルミまたはピーカンナッツ　大さじ1　＊オプション
果物（リンゴ、バナナ、ベリー類、キウイ、マンゴー、桃、パイナップルなど）
1／2カップ　粗く刻むか薄切りにする
アーモンドミルク　1／2カップ【→p046】

| 調理器具 |

計量カップ
計量スプーン
まな板
包丁
果物ナイフ
ボウル（小）

| 作り方 |

① ボウルにアーモンド、ひまわりの種、クルミ、果物を入れて混ぜる。

アーモンドとひまわりの種のシリアルは、
アーモンドミルクと一緒にすぐにいただきましょう。

Granola

グラノーラ
［1カップ、2人分］

調理器具
計量カップ
計量スプーン
フードプロセッサー
ゴムベラ
まな板
包丁
果物用ナイフ
お椀

材料
浸水した生のアーモンド　1／4カップ
浸水した生のひまわりの種　1／4カップ
浸水した生のクルミ　1／4カップ
種を取ったマジョールデーツ　4個　刻む　浸水せず
シナモン　小さじ1／4
塩　少々
刻むか薄切りにした果物 （リンゴ、バナナ、ベリー類、キウイ、マンゴー、桃、パイナップル）
アーモンドミルク　1／2カップ【→p046】

| 作り方 |

① アーモンド、ひまわりの種、クルミをフードプロセッサーに入れ、パルスボタンを少しずつ押して粗めに刻む。

② デーツ、シナモン、塩を加え、パルスボタンを使って軽く混ぜ、密閉容器に入れて冷蔵庫に保存する。

グラノーラは最長で2日間持ちます。
たべるときは果物とグラノーラをお椀に入れて、
アーモンドミルクと一緒にすぐにいただきましょう。

| アレンジ例 |

- レーズンまたはイチジクのグラノーラ：マジョールデーツのかわりに、レーズンまたは刻んだ乾燥イチジクを1／4カップ使う。

Muesli

ミューズリー
[1人分]

ミューズリーを多めに作って食料庫に保管しておきましょう。そうすれば甘いシリアルが欲しくなったときいつでもたべることができます。

| 材料 |

押しオーツ麦　1／2カップ

レーズン　大さじ2　浸水せず

刻んだ生のアーモンドまたはクルミ　大さじ1　浸水せず

生のひまわりの種　大さじ2　浸水せず

アガベシロップ　大さじ2　（生ハチミツ、ケーンシュガーでも可）

アーモンドミルク　1／2カップ【→p046】

生のブルーベリーまたは薄切りにしたイチゴ　1／4カップ

| 調理器具 |

計量カップ

計量スプーン

ボウル(小)

スプーン

| 作り方 |

① 押しオーツ麦、レーズン、アーモンド、ひまわりの種、アガベシロップを小さめのボウルに入れ、やさしく混ぜ合わせる。アーモンドミルク、ブルーベリーと一緒にいただきましょう。

ミューズリーは密閉容器に入れて食料庫に保管し、最長で3ヶ月間持ちます。食料庫に保管する場合は、アガベシロップや生ハチミツではなくケーンシュガーを加えましょう。もしくは天然甘味料を加えずに保管し、たべる直前にアガベシロップや生ハチミツを加えましょう。

| アレンジ例 |

- 柔らかめのミューズリー：ミューズリーを水1／4カップに一晩浸水させる。アーモンドミルク、ベリー類と一緒にいただきましょう。
- 多めに作る場合：押しオーツ麦4カップ、レーズン1カップ、刻んだ生のアーモンドまたはクルミ1／2カップ、生のひまわりの種1／4カップ、ケーンシュガー1／4カップで作る。2／3カップ×8人分。

シリアル | Cereal

Whole Oatmeal

室温のままでも温めても
おいしいです。

オートミール
［2カップ、2人分］

調理器具
まな板
包丁
計量スプーン
ボウル（中）
計量カップ
フードプロセッサー
ゴムベラ

材料
浸水したオーツ麦　2カップ【→p051】
リンゴ　半分　皮をむいて刻む
純正メープルシロップまたはアガベシロップ　大さじ2
水　大さじ2
シナモン　小さじ1／2
バニラエクストラクト　小さじ1／2　＊オプション
塩　小さじ1／4
アーモンドミルク　1／2カップ【→p046】
レーズン（浸水してもしなくても可）またはドライフルーツのコンポート【→p066】大さじ2

| 作り方 |

① 浸水したオーツ麦、リンゴ、メープルシロップ、水、シナモン、塩を
　フードプロセッサーに入れ、なめらかになるまで粉砕する。
　（お好みでバニラエクストラクトも入れる。）時々止めて、
　側面についたオートミールをゴムベラでかきおとす。

オートミールはアーモンドミルクとレーズンと一緒にすぐに
いただきましょう。もしくは密閉容器に入れて冷蔵庫に保存しておき、
たべる直前にアーモンドミルクとレーズンを加えましょう。

オートミールは3日間持ちます。温める場合には、アーモンドミルク
とレーズンを加える前に弱火のコンロで2〜3分温めましょう。

Chapter **6**

Menu for Lunch and Dinner
昼食と夕食の献立について

ローフードBASICS

　フランスの上品な習慣に従って、昼食と夕食は3品のコース料理にしましょう。見た目もきれいになりますし、食事のペースが落ちるのでよりスムーズに消化することができます。1品目は、小さいお椀にスープをよそうか、小さな平皿にサラダを取り分けましょう。2品目は、メインディッシュに、ソースやサイドディッシュを添えて平皿に盛り付けます。最後にデザートをたべるのであれば、小さな平皿か小さなお椀かココット皿にデザートを盛り付けましょう。以下のページで献立の例をご紹介します。

Menu for Lunch and Dinner ▶▶

Sample Lunch Menu

昼食の献立例

- Monday 〜月曜日

Garden Vegetable Soup	ガーデンベジタブルスープ	【→p095】
Veggie Sub Sandwich	ベジタブルサンドイッチ	【→p127】または
Hummus Sandwich	フムスのサンドイッチ	【→p124】

- Tuesday 〜火曜日

Garden Salad	ガーデンサラダ	【→p104】
Walnut pâté	クルミのパテ	【→p087】
Creamy Tomato Dressing	トマトのドレッシング	【→p116】

- Wedensday 〜水曜日

Greek Salad	ギリシャ風サラダ	【→p106】
Garden Wrap	ガーデンラップ	【→p129】

- Thursday 〜木曜日

California Rolls	カリフォルニアロール	【→p130】
Cucumber with Fresh Mint	キュウリとミントのマリネ	【→p141】

- Friday 〜金曜日

Green Salad	グリーンサラダ	【→p107】
Stuffed Tomato with Not Tuna pâté	トマトの詰め物とツナ風パテ	【→p139】

- Saturday 〜土曜日

Papaya Lime Soup	パパイヤライムスープ	【→p098】
Mango and Avocado Salad	マンゴーとアボカドのサラダ	【→p110】

- Sunday 〜日曜日

Spinach Apple Soup	ほうれん草とリンゴのスープ	【→099】
Caesar Salad	シーザーサラダ	【→p102】

Menu for Lunch and Dinner | 昼食と夕食の献立について

Menu for Lunch and Dinner ▶▶

Sample Dinner Menu

夕食の献立例

● Monday 〜月曜日
Cream of Zucchini Soup　　　　　ズッキーニのクリームスープ　　【→p094】
Zucchini Pasta al Pesto or with Marinara Sauce
　　　　　　　　　　　　　　　　バジルペースト、もしくはマリナラソースの
　　　　　　　　　　　　　　　　ズッキーニスパゲッティー　　　【→p138】
Chocolate Mousse with Vanilla Crème Sauce
　　　　　　　　　　　　　　　　チョコレートムース　　　　　　【→p180】
　　　　　　　　　　　　　　　　バニラクリームソース添え　　　【→p187】

● Tuesday 〜火曜日
Tricolor Salad　　　　　　　　　　トリコロールサラダ　　　　　　【→p112】
Lasagne　　　　　　　　　　　　　ラザニア　　　　　　　　　　　【→p132】
Marinated Vegetables　　　　　　　ブロッコリーのマリネ　　　　　【→p147】
Flourless Chocolate Cake with Fresh Raspberries
　　　　　　　　　　　　　　　　チョコレートケーキとラズベリー【→p158】

● Wedensday 〜水曜日
Jerusalem Salad　　　　　　　　　エルサレムサラダ　　　　　　　【→p109】
Mock Rice Pilaf　　　　　　　　　ローライスピラフ　　　　　　　【→p134】
Carrots with Moroccan Spices　　　ニンジンのモロッコ風マリネ　　【→p142】
Almond Cookies　　　　　　　　　アーモンドクッキー　　　　　　【→p160】

● Thursday 〜木曜日
Shaved Beet Salad　　　　　　　　ビーツのサラダ　　　　　　　　【→p111】
Stuffed Portobello Mushroom with Sun-dried Tomato pâté
　　　　　　　　　　　　　　　　マッシュルームの詰め物　　　　【→p136】

Menu for Lunch and Dinner｜昼食と夕食の献立について

Menu for Lunch and Dinner ▶▶

Sample Dinner Menu

夕食の献立例

Mediterranean Kale	地中海風ケールサラダ	【→p146】
Blueberry Tart	ブルーベリーのタルト	【→p174】もしくは
Chocolate Tart with Strawberries	イチゴとチョコレートムースのタルト	【→p177】

● Friday 〜金曜日
Miso Soup	味噌汁	【→p097】
Spring Rolls	生春巻き	【→p135】
Mango Sorbet	マンゴーシャーベット	【→p189】もしくは
Key Lime Mousse	キーライムムース	【→p179】

● Saturday 〜土曜日
Gazpacho	ガスパッチョ	【→p096】
Stuffed Bell Pepper with Guacamole	パプリカの詰め物	【→p139】
Latin American Cabbage	ラテンアメリカ風コールスロー	【→p145】
Tropical Fruit Tart	トロピカルフルーツタルト	【→p176】

● Sunday 〜日曜日
Cream of Tomato Soup	トマトのクリームスープ	【→p093】
Not Meat Balls	ローミートボール	【→p133】
Coleslaw	コールスロー	【→p144】
Apple Crisp	アップルコブラー	【→p167】

Menu for Lunch and Dinner | 昼食と夕食の献立について

Chapter 7

Lunch and Dinner
昼食と夕食

ローフードBASICS

　ローフードをはじめたらサラダしかたべられないというわけではありません。昼食には、野菜を攪拌して作るロースープと、パンのかわりにロメインレタスで挟んだサンドイッチをたべてみてください。サラダがたべたいときには、ワカモレ【→p079】やズッキーニのフムス【→p089】、ツナ風パテ【→p084】などをトッピングして、よりしっかりと充実したサラダを作りましょう。夕食はコースにします。最初にロースープ、次にサイドディッシュを添えたメインディッシュ、そして最後にデザートをたべましょう。

　加熱調理した料理とローフードを組み合わせる方法はたくさんあります。サヤマメ、ブロッコリー、カリフラワー、アスパラガス、コラードなどの繊維質の多い野菜は、火にかけてスープにしたり、蒸し野菜にしてみましょう。ローフードと一緒にたべられます。（このような繊維質の多い野菜を生のまま大量にたべることができない人もいます。そのような方も軽く火を通せばかんたんに消化できます。）野菜を加熱調理してメインディッシュを作ったり、加熱した食品をサラダに入れたりサンドイッチに挟んだりすることもできます。いろいろ試して、自分に合った食事を見つけましょう。

Lunch and Dinner ▶▶

Dips, Pâtés, and Savory Sauces

ディップ、パテ、ソース

　野菜スティック【→p103】と一緒にローのディップやパテをパーティーに出してみましょう。パーティーの前菜として活躍します。ローフードにこだわらなければ、ブルーコーンチップス、全粒粉クラッカー、ピタパンも合わせて出すことができます。ローのディップがあれば、マヨネーズいっぱいの不健康な従来のディップを欲しがるひとはいないでしょう。ディップやパテはローフードでは欠かせないレシピです。毎週作って手元に置いておけば、様々な用途に使えます。持ち運びやすいので、野菜スティックと一緒に外出時のおやつや軽い昼食になります。また、サンドイッチ【→p122〜p127】の具にもなりますし、サラダにトッピングしてボリュームを加えることもできます。アイスクリームをすくう丸型スプーンを使えば、ディップやパテを丸型に成型できるので、サラダにきれいに盛り付けることができます。マリナラソース【→p081】、ピーナッツ風味のソース【→p082】、バジルペースト【→p086】、タプナード【→p083】は、従来から人気のソースです。加熱食をたべる方をもてなすときには、加熱した料理にもローのソースを使えます。

Lunch and Dinner | 昼食と夕食

Guacamole

ワカモレ
[1/2カップ、1～2人分]

サラダに添えたり野菜スティック【→p103】のディップにしたりワカモレのサンドイッチ【→p123】にしていただきましょう。

|材料|
熟したアボカド　1個　刻む
タマネギのみじん切り　大さじ1と1/2
ライム汁　大さじ1
ニンニクのみじん切り　小さじ1/2(一片)
塩　少々
カイエンペッパー　少々

|調理器具|
まな板
包丁
計量スプーン
ニンニクしぼり器
レモンしぼり器
ボウル(小)
フォーク

|作り方|
① すべての材料を小さめのボウルに入れ、フォークでつぶす。つぶしすぎずに少し噛み応えを残しておく。

ワカモレはすぐにいただきましょう。

ランチディップのような風味でしかも従来のディップよりもおいしいです。野菜スティック【→p103】と一緒にいただきましょう。

Mock Sour Cream and Chive Dip

サワークリームとアサツキのディップ
[1カップ、4人分]

| 調理器具 |
計量カップ
計量スプーン
レモンしぼり器
まな板
包丁
ミキサー
ゴムベラ

| 材料 |
浸水した生カシューナッツ　1カップ
水　1/2カップ
レモン汁　大さじ2
ガーリックパウダー　小さじ1/2
オニオンパウダー　小さじ1/2
塩　小さじ1/4
アサツキまたはワケギのみじん切り　大さじ2
生のバジルのみじん切り　大さじ1
生のディルのみじん切り　大さじ1

| 作り方 |

① カシューナッツ、水、レモン汁、ガーリックパウダー、オニオンパウダー、塩をミキサーに入れ、なめらかになるまで撹拌する。
時々止めて、側面についたディップをゴムベラでかきおとす。

② アサツキ、バジル、ディルのみじん切りを入れて、断続的に撹拌して混ぜる。30分間は冷やしておく。
密閉容器に入れて冷蔵庫で保存する。

サワークリームとアサツキのディップは5日間持ちます。

Lunch and Dinner｜昼食と夕食

Marinara Sauce

マリナラソース
[1カップ、2人分]

弱火でぐつぐつ煮込んだトマトソースのような味です。今までたべた中でもだんとつにおいしく感じるかもしれません。ローミートボールのようなメインディッシュに添えることができます。

| 材料 |

完熟トマト　1個（約1/2カップ）　粗く刻む
ドライトマト　1/2カップ　オイル漬けでない場合は浸水する
赤パプリカ　半分（約1/2カップ）　粗く刻む
エクストラバージンオリーブオイル　大さじ2
バジルのみじん切り　大さじ1、もしくはドライバジル　小さじ1
オレガノ　小さじ1
ニンニクのみじん切り　小さじ1/2（1片）
塩　小さじ1/4と1/8
黒コショウ　少々
カイエンペッパー　少々

| 調理器具 |

まな板
刃がギザギザなナイフ
包丁
計量カップ
計量スプーン
ニンニクしぼり器
フードプロセッサー
ゴムベラ

| 作り方 |

① すべての材料をS型ブレードをつけたフードプロセッサーに入れ、なめらかになるまで粉砕する。
時々止めて、側面についたソースをゴムベラでかきおとす。
密閉容器に入れ冷蔵庫で保存する。

マリナラソースは3日間持ちます。

| アレンジ例 |

- **プッタネスカソース**：カイエンペッパーを小さじ1/8に増やす。ソースができたら薄切りにした黒オリーブを大さじ2を加える。
- **中近東のマリナラソース**：黒コショウ、カルダモン、シナモン、クミンをそれぞれ少々加える。

ディップ、パテ、ソース | Dips, Pâtés, and Savory Sauces

Mock Peanut Sauce

ピーナッツ風味のソース
［1カップ、4人分］

ピーナッツバターは
ローストしたピーナッツから
作られるため
ローではありません。
ここではローの
アーモンドバターを使って
ピーナッツ風味の
ソースを作ります。

|調理器具|

計量カップ
計量スプーン
レモンしぼり器
ニンニクしぼり器
ミキサー
ゴムベラ

|材料|

アーモンドバター　1／2カップ
（自家製アーモンドバター【→p047】または市販の製品）
水　1／4カップ
レモン汁　大さじ1
純正メープルシロップまたはアガベシロップ　大さじ2
醤油　大さじ2
ニンニクのみじん切り　小さじ1／4
カイエンペッパー　少々
塩　少々

|作り方|

① すべての材料をミキサーに入れてなめらかになるまで粉砕する。
　密閉容器に入れ冷蔵庫で保存する。

ピーナッツ風味のソースは5日間持ちます。

Olive Tapenade

タプナード
[1／2カップ、4人分]

複雑でグルメな味わいのタプナード。サンドイッチに塗ったりサラダドレッシングにしたり野菜スティック用のディップにしたりローや加熱調理のメインディッシュのソースとして使いましょう。

| 材料 |

種を取ったオリーブ(緑か黒)　1カップ
ケッパー　大さじ2
エクストラバージンオリーブオイル　小さじ4
レモン汁　小さじ2
生のバジルのみじん切り　小さじ1と1／2、もしくは乾燥バジル　小さじ1／2
ニンニクのみじん切り　小さじ1(2片)
黒コショウ　少々

| 調理器具 |

計量カップ
計量スプーン
ニンニクしぼり器
レモンしぼり器
まな板
包丁
フードプロセッサー
ゴムベラ

| 作り方 |

① すべての材料をS型ブレードをつけたフードプロセッサーに入れ、なめらかになるまで粉砕する。時々止めて、側面についたソースをゴムベラでかきおとす。密閉容器に入れて冷蔵庫で保存する。

タプナードは5日間持ちます。

| アレンジ例 |

- **ドライトマトのタプナード**：オリーブのかわりに、浸水したドライトマトか、オイル漬けのドライトマトを使う。材料からケッパーを除く。

ディップ、パテ、ソース | Dips, Pâtés, and Savory Sauces

私の定番のパテです。
おいしくてたべ応えが
ありますし
様々な用途に使えます。

Not Tuna Pâté

ツナ風パテ
[1／2カップ、2人分]

調理器具
まな板
包丁
計量スプーン
ボウル（中）
フードプロセッサー
レモンしぼり器
ゴムベラ

材料
浸水した生のひまわりの種　1／2カップ
浸水した生のアーモンド　1／4カップ
水　大さじ2
レモン汁　大さじ1
塩　小さじ1／4
セロリのみじん切り　大さじ1と1／2
タマネギのみじん切り　大さじ1
生のパセリのみじん切り　大さじ1

| 作り方 |

① ひまわりの種、アーモンド、水、レモン汁、塩をフードプロセッサーに入れ、ペースト状になるまで粉砕する。時々止めて、側面についたペーストをゴムベラでかきおとす。

② ①を小さめのボウルに移し、セロリ、タマネギ、パセリのみじん切りとよく混ぜ合わせる。密閉容器に入れ冷蔵庫で保存する。
このパテをトッピングすれば、サラダをメインディッシュにすることができます。野菜スティック用のディップとしても使えますし、カリフォルニアロール【→p130】、トマト重ね【→p137】パプリカの詰め物【→p139】ツナ風パテのサンドイッチ【→p125】等にも使えます。
5日間持つので、一度にたくさん作ってもいいですね。

| アレンジ例 |

- **サーモン風味のパテ**：ひまわりの種、アーモンド、水、レモン汁に加え、おろしたニンジンを1／4カップ入れる。パセリのかわりに生のディルを大さじ1、もしくは乾燥ディルを小さじ1加える。

Lunch and Dinner｜昼食と夕食

Salsa

サルサ
[1/2カップ、1〜2人分]

フードプロセッサーがあれば家でもサルサをかんたんに作れます。野菜スティック【→p103】やワカモレ【→p079】と一緒にいただきましょう。

| 材料 |

トマト　2個　4つ切りにし種を取る
生のコリアンダーのみじん切り　小さじ1と1/2
赤タマネギまたはワケギのみじん切り　小さじ1と1/2
ライム汁　小さじ1/2
ニンニクのみじん切り　小さじ1/4（1/2片）
ハラペーニョのみじん切り　小さじ1/4、またはカイエンペッパー　少々
塩　小さじ1/8

| 調理器具 |

まな板
刃がギザギザのナイフ
包丁
計量カップ
計量スプーン
ニンニクしぼり器
レモンしぼり器
フードプロセッサー
ゴムベラ

| 作り方 |

① トマトをフードプロセッサーに入れ、パルス操作を2〜3回行ってトマトを刻む。合間に側面についたトマトをゴムベラでかきおとす。刻み過ぎないようにする。
② コリアンダー、赤タマネギ、ライム汁、ニンニク、ハラペーニョ、塩を加え、パルス操作で混ぜ合わせる。10分ほど置いて味をなじませる。

サルサはすぐにいただきましょう。

ディップ、パテ、ソース | Dips, Pâtés, and Savory Sauces

この良い香りの
ソースがあれば
イタリア料理の本場の
味を再現できます。

Pesto

バジルペースト
［1カップ、4人分］

|調理器具|
計量カップ
計量スプーン
ニンニクしぼり器
フードプロセッサー
ゴムベラ

|材料|
バジルの葉（茎を取り除く）　よく詰めて2カップ
エクストラバージンオリーブオイル　1／4カップ
ニンニクのみじん切り　小さじ1(2片)
塩　小さじ1／4と小さじ1／8
生の松の実　1／4カップ

|作り方|

① バジル、オリーブオイル、ニンニク、塩をフードプロセッサーに入れ、
　バジルがみじん切りになるまで粉砕する。

② ①に松の実を加えてなめらかになるまで粉砕する。
　時々止めて、側面についたバジルペーストをゴムベラでかきおとす。
　粉砕しすぎないようにする。
　松の実の粉砕された粒が、まだ残っている状態で止める。
　密閉容器に入れ冷蔵庫で保存する。

バジルペーストは5日間持ちます。

野菜スティック【→p103】のディップにしてもおいしいですし、
バジルペーストのズッキーニスパゲッティー【→p138】
バジルペーストのドレッシング【→p117】トマト重ね【→p137】
またはローや加熱したメインディッシュのソースに使ってもおいしいです。
加熱した料理だと全粒粉のパスタにバジルペーストをかけるのがおすすめ
です。従来のレシピよりもオリーブオイルの量が少なめです。
よりこってりしたソースを作るときはオリーブオイルの量を
増やしましょう。

Walnut Pâté

クルミのパテ
[3/4カップ、2人分]

とてもお腹が空いているときには肉のようにこってりとした食感のクルミのパテが最適です。

|材料|

浸水した生のクルミ　1カップ
レモン汁　大さじ1
エクストラバージンオリーブオイル　小さじ1
醤油　小さじ1
ガーリックパウダー　小さじ1/4
塩　少々
生のパセリのみじん切り　大さじ1
タマネギのみじん切り　大さじ1

|調理器具|

計量カップ
計量スプーン
フードプロセッサー
ゴムベラ
ボウル（小）
レモンしぼり器
包丁
まな板

|作り方|

① クルミ、レモン汁、オリーブオイル、醤油、ガーリックパウダー、塩をフードプロセッサーに入れてペースト状に粉砕する。時々止めて、側面についたペーストをゴムベラでかきおとす。

② ①を小さめのボウルに移し、パセリとタマネギと混ぜ合わせる。密閉容器に入れて冷蔵庫で保存する。

クルミのパテは5日間持ちます。

満足のいく昼食には、ガーデンサラダ【→p104】にひとすくいのパテを加え、トマトのドレッシング【→p116／アレンジ例】や、スウィート・マスタード・ドレッシング【→p119】をかけましょう。野菜スティック【→p103】のディップにも、クルミのパテのサンドイッチ【→p126】にも、トマト重ね【→p137】ローミートボール【→p133】にも使えます。

|アレンジ例|

- **カレーとクルミのパテ**：小さじ1/4のカレーパウダーを加える。
- **ピーカンナッツのパテ**：クルミのかわりに同量の浸水したピーカンナッツを加える。

ディップ、パテ、ソース | Dips, Pâtés, and Savory Sauces

Sunflower Herb Pâté

ひまわりの種とハーブのパテ
[1／2カップ、2人分]

この軽く、繊細に味付けられたパテはマッシュルームの詰め物【→p136】やパプリカの詰め物【→p139】に使うとおいしいです。サラダに盛り付けたり、野菜スティックのディップにしたりもできます。

| 調理器具 |
計量カップ
計量スプーン
フードプロセッサー
ゴムベラ
ボウル(小)
レモンしぼり器
まな板
包丁
ニンニクしぼり器

| 材料 |
浸水した生のひまわりの種　1カップ
水　大さじ2
レモン汁　大さじ1
ニンニクのみじん切り　小さじ1／2(1片)
塩　小さじ1／4
カイエンペッパーまたは黒コショウ　少々
赤タマネギまたはワケギのみじん切り　大さじ1
生のディル　小さじ2(生のバジルやパセリでも可)

| 作り方 |

① ひまわりの種、水、レモン汁、ニンニク、塩、カイエンペッパーをフードプロセッサーに入れ、ペースト状になるまで粉砕する。時々止めて、側面についたペーストをゴムベラでかきおとす。

② ①を小さめのボウルに移し、赤タマネギとディルを入れて混ぜ合わせる。密閉容器に入れて冷蔵庫で保存する。

ひまわりの種とハーブのパテは5日間持ちます。

| アレンジ例 |

- ひまわりの種とドライトマトのパテ：ドライトマトを浸水させるかオイル漬けのドライトマトを1／3カップ、ひまわりの種、水、レモン汁、ニンニク、塩、カイエンペッパーと共にフードプロセッサーに入れる。
- かぼちゃの種とハーブのパテ：ひまわりの種のかわりに浸水した生のかぼちゃの種を使う。

Lunch and Dinner | 昼食と夕食

Zucchini Hummus

ズッキーニのフムス
[1カップ、2人分]

ズッキーニのフムスはガルバンゾ豆で作るフムスよりもさっぱり仕上がり、負けないぐらいおいしいです。サラダに添えて、生野菜のディップにして、フムスのサンドイッチ【→p124】にしていただきましょう。

| 材料 |

ズッキーニ　1本　皮をむき刻む(約1と1/2カップ)
ロータヒニ　大さじ2
レモン汁　大さじ2
ニンニクのみじん切り　小さじ1/2(1片)
クミンパウダー　小さじ1/4
パプリカパウダー　小さじ1/4
塩　小さじ1/4

| 調理器具 |

まな板
ピーラー
包丁
フードプロセッサー
計量カップ
計量スプーン
レモンしぼり器
ニンニクしぼり器
ゴムベラ

| 作り方 |

① すべての材料をフードプロセッサーに入れて、なめらかになるまで粉砕する。時々止めて、側面についたフムスをゴムベラでかきおとす。密閉容器に入れ冷蔵庫で保存する。

ズッキーニのフムスは5日間持ちます。

| アレンジ例 |

● **ガルバンゾ豆のフムス**：ズッキーニのかわりに、煮たガルバンゾ豆1と1/4カップと水1/4カップを入れる。

ディップ、パテ、ソース | Dips, Pâtés, and Savory Sauces

Lunch and Dinner ▶▶

Soups

スープ

　サラダを毎日たべるのに飽きたら、サラダのかわりにローのスープを飲んでみることをまずおすすめします。大量の野菜をミキサーで攪拌することにより、濃縮されて少量になるので、スープは栄養価がとても高いのです。またミキサーで野菜の繊維が破壊され、より消化しやすくなります。消化しやすいことはローフードの初心者には特に大切です。お椀一杯分をおいしくたべきれるように、しょっぱすぎず、辛すぎず、こってりすぎないように気をつけます。繊細に味付けしましょう。さわやかな果物のスープは夏の食事に向いています。野菜のスープは、室温か軽く温めて1年中おいしくたべられます。温めすぎないように気をつけながら、弱火のコンロで2〜3分温めましょう。

　ローフードのスープには以下の材料が必要です。水、野菜、油分、柑橘類、香辛料、塩味の調味料です。野菜はズッキーニ、キュウリ、トマト、パプリカのように柔らかいものか葉野菜を使います。ニンジンやビーツなどの根菜を使うとスープがざらざらになってしまいますし、キャベツやブロッコリーやコラードなどのアブラナ科の野菜を使うと野菜の味が強く出すぎてしまうので、根菜やアブラナ科の野菜は選びませんでした。油分にはアボカドが一番適しています。クリーミーに仕上がりますし、重すぎないコクをだすことができます。オリーブオイルを加えて、風味やなめらかさを足してもいいでしょう。柑橘類は、レモン、ライム、オレンジがいいですね。香辛料はニンニク、タマネギ、カイエンペッパー、生か乾燥したハーブが使えます。塩味の調味料は、塩か味噌を使いましょう。味噌を使えばスープストックのような深い風味が出せますよ。

まず水と柔らかめの野菜を先に攪拌しましょう。濃いスープを作るときは最初は水は少なめにしておきましょう。レモン、塩、カイエンペッパー、ニンニクは入れすぎないように。後からいくらでも調整できます。葉野菜、アボカド、生のハーブはミキサーに入れるのを最後にして、粉砕しすぎないようにしましょう。シーザードレッシングを細い線のように飾ったり、生のハーブを刻んでふりかけたりしてスープを飾り付けましょう。お好みでヨーグルトを乗せてもいいですよ。おいしく味わうにはすぐにいただくのが一番です。冷やしてたべたいときには2時間ほど冷蔵庫で冷やしておきましょう。持ち運ぶときは、広口のガラスビンに入れましょう。室温で最大6時間持ちます。

レタスはサラダ以外にも使えます。
キュウリと撹拌すれば、軽くておいしい夏向けのスープになります。

Cream of Cucumber Soup

キュウリのクリームスープ
［2カップ、2人分］

調理器具
計量カップ
計量スプーン
まな板
ピーラー
包丁
レモンしぼり器
ニンニクしぼり器
ミキサー
ゴムベラ

材料
ロメインレタスの葉　4枚（約1と1／2カップ）　刻む
キュウリ　1本　皮をむいて刻む
水　1／2カップ
レモン汁　大さじ1
ニンニクのみじん切り　小さじ1／2（1片）
塩　小さじ1／4
熟したアボカド　半分　刻む
エクストラバージンオリーブオイル　大さじ1
生のハーブのみじん切り　大さじ1
または乾燥ハーブ　小さじ1（ディル、ミント、タラゴン、コリアンダーなど）

作り方

① レタス、キュウリ、水、レモン汁、ニンニク、塩をミキサーに入れ、なめらかになるまで撹拌する。

② アボカドとオリーブオイルを加え、なめらかになるまで再び撹拌する。

③ ハーブを加え、混ざるまで軽く撹拌する。

キュウリのクリームスープはすぐにいただきましょう。
冷やしてたべる場合は、30分ほど冷蔵庫に入れておきましょう。

Lunch and Dinner｜昼食と夕食

Cream of Tomato Soup

トマトのクリームスープ
［1と1／2カップ、1～2人分］

昔ながらの
アメリカの味です。
サンドイッチと一緒に
昼食にどうぞ。

| 材料 |

熟したトマト　3個　種を取って刻む（約1と1/2カップ）
水　1／4カップ
ニンニクのみじん切り　小さじ1／2(1片)
オニオンパウダー　小さじ1／4
塩　小さじ1／4
熟したアボカド　半分　刻む
エクストラバージンオリーブオイル　大さじ1
生のディルまたはバジル　大さじ2、もしくは乾燥で小さじ1／2

| 調理器具 |

計量カップ
計量スプーン
まな板
刃がギザギザのナイフ
包丁
ニンニクしぼり器
ミキサー
ゴムベラ

| 作り方 |

① トマト、水、ニンニク、オニオンパウダー、塩をミキサーに入れ、なめらかになるまで攪拌する。
② アボカドとオリーブオイルを加え、なめらかになるまで再び攪拌する。
③ ディルを加え、混ざるまで軽く攪拌する。

トマトのクリームスープはすぐにいただきましょう。
冷やしてたべる場合は、30分ほど冷蔵庫に入れておきましょう。

冷やしても、室温でも、
温めても
おいしいスープです。

Cream of Zucchini Soup

ズッキーニのクリームスープ
［2カップ、2人分］

調理器具
計量カップ
計量スプーン
まな板
ピーラー
包丁
レモンしぼり器
ニンニクしぼり器
ミキサー
ゴムベラ

材料
ズッキーニ　1本　刻む（約1カップ）
水　1／2カップ　薄める必要があればさらに1／4カップ
セロリの茎　1本　刻む
レモン汁　大さじ1
白味噌　小さじ1
ニンニクのみじん切り　小さじ1／2（1片）
塩　小さじ1／4
カイエンペッパー　少々
熟したアボカド　半分　刻む
エクストラバージンオリーブオイル　大さじ1
生のディルのみじん切り　小さじ2
もしくは乾燥ディル　小さじ1／2

| 作り方 |

① ズッキーニ、水1／2カップ、セロリ、レモン汁、白味噌、ニンニク、
　塩、カイエンペッパーをミキサーに入れ、
　なめらかになるまで攪拌する。

② アボカドとオリーブオイルを加え、なめらかになるまで再び攪拌する。

③ スープを薄める必要があれば、水を1／4カップ加えて軽く攪拌する。

④ ディルを加え、混ざるまで軽く攪拌する。

すぐにいただきましょう。冷やしてたべる場合は、
30分ほど冷蔵庫に入れておきます。
温めてたべる場合は、弱火のコンロで2〜3分温めましょう。
温めすぎないように気をつけて。

Lunch and Dinner｜昼食と夕食

Garden Vegetable Soup

ガーデンベジタブルスープ
[2カップ、2人分]

葉野菜が加わった
ガスパッチョ【→p096】
のようなスープです。
バジルの新鮮な香りと
味を楽しんでください。

| 材料 |

小さめのズッキーニ　1本　刻む（約1カップ）
水　1／2カップ　薄める必要があればさらに1／4カップ
熟したトマト　半分　種を取って刻む
セロリの茎　1本　刻む
ワケギ　1本　刻む
レモン汁　大さじ1
白味噌　小さじ1と1／2
ニンニクのみじん切り　小さじ1／2（1片）
カイエンペッパー　少々
塩　少々
刻んだほうれん草またはスイスチャード　1カップ
生のバジルの葉　6枚
熟したアボカド　半分　刻む

| 調理器具 |

計量カップ
計量スプーン
まな板
包丁
ニンニクしぼり器
レモンしぼり器
ミキサー
ゴムベラ

| 作り方 |

① ズッキーニ、水1／2カップ、トマト、セロリ、ワケギ、レモン汁、白味噌、ニンニク、カイエンペッパー、塩をミキサーに入れ、なめらかになるまで攪拌する。
② ほうれん草とバジルを加え、再び攪拌する。
③ アボカドを入れ、なめらかになるまで攪拌する。
④ スープを薄める必要があれば、水をさらに1／4カップ加えて軽く攪拌する。

すぐにいただきましょう。
冷やしてたべる場合は、30分ほど冷蔵庫に入れておきましょう。

スープ | Soups

Gazpacho

ガスパッチョ
［1と1／2カップ、1〜2人分］

調理器具	材料
まな板	トマト　2個と半分　種を取り1センチ角に切る
包丁	赤パプリカ　1／4個　1センチ角に切る
ピーラー	キュウリ　1／4個　種を取り1センチ角に切る
刃がギザギザのナイフ	ワケギ　1本　1センチに切る
計量スプーン	生パセリのみじん切り　大さじ1
ニンニクしぼり器	エクストラバージンオリーブオイル　小さじ2
フードプロセッサー	ニンニクのみじん切り　小さじ1／2(1片)
ゴムベラ	塩　小さじ1／4
	黒コショウ　少々
	カイエンペッパー　少々
	熟したアボカド　半分　飾り付け用に角切り　＊オプション

| 作り方 |

① トマト、赤パプリカ、キュウリ、ワケギ、パセリ、オリーブオイル、ニンニク、塩、黒コショウ、カイエンペッパーをフードプロセッサーに入れる。歯ごたえが残る程度まで粉砕する。
時々止めて、側面についたガスパッチョをゴムベラでかきおとす。

すぐにいただきましょう。冷やしてたべる場合は、
30分ほど冷蔵庫に入れておきましょう。
お好みで角切りのアボカドを飾り付けましょう。

Lunch and Dinner｜昼食と夕食

Miso Soup

味噌汁
[1と1／4カップ、1人分]

冬に暖かいスープが
飲みたくなったとき
味噌汁を
飲んでみましょう。
浸水した乾燥しいたけ
によって深い味わいに
なります。

| 材料 |

水　1カップと大さじ2
サラダ用ほうれん草の葉　しっかり詰めて1/4カップ
ニンジンの薄切り　1/4カップ（1/4本）
乾燥しいたけ　1個　ぬるま湯に30分浸水し薄切りにする　＊オプション
白味噌　大さじ1
千切りにしたネギ　小さじ1(盛り付け用)　＊オプション
ごま油　小さじ1(盛り付け用)　＊オプション

| 調理器具 |

計量カップ
計量スプーン
まな板
包丁
ピーラー
小さめの片手鍋
お椀
フォーク
木製のスプーン

| 作り方 |

① 水1カップ、サラダ用ほうれん草、ニンジン、お好みでしいたけの
　薄切りを片手鍋に入れ、ふたをして温める。沸騰したらすぐに火を止めて
　5分ほど余熱で温める。
② お椀に白味噌と大さじ2の水を入れてフォークで溶く。
　①を注ぎよく混ぜ合わせる。

味噌汁はすぐにいただきましょう。
お好みでワケギと温めたごま油を盛り付けましょう。

スープ | Soups

Papaya Lime Soup

パパイヤライムスープ
[2カップ、2人分]

|調理器具|

まな板
包丁
計量カップ
計量スプーン
オレンジしぼり器
ミキサー
ゴムベラ

|材料|

熟した小ぶりのパパイヤ　1個
熟したマンゴー　半分　刻む(約1／2カップ)
絞りたてのオレンジジュース　大さじ2(オレンジ半分ぐらい)
ライム汁　大さじ1
イチゴ　2個

|作り方|

① パパイヤを縦2つに切り、スプーンで種を取り除く。
　果肉をすくい取ってざく切りにする(約2カップ)。
② ①とマンゴー、オレンジジュース、ライム汁、イチゴをミキサーに入れ、
　なめらかになるまで攪拌する。

すぐにいただきましょう。
冷やしてたべる場合は、30分ほど冷蔵庫に入れましょう。

Spinach Apple Soup

ほうれん草とリンゴのスープ
[1と1／2カップ、1人分]

| 材料 |

ほうれん草の葉　しっかり詰めて2カップ
リンゴ　半分　皮をむき、ざく切り
水　1／2カップ　薄める必要があればさらに1／4カップ
レモン汁　小さじ1
塩　少々
熟したアボカド　半分　ざく切り

| 調理器具 |

計量カップ
計量スプーン
まな板
ピーラー
包丁
レモンしぼり器
ミキサー
ゴムベラ

| 作り方 |

① ほうれん草、リンゴ、水、レモン汁、塩をミキサーに入れ、なめらかになるまで撹拌する。
② アボカドを入れ、なめらかになるまで撹拌する。
③ スープを薄める必要があれば、水をさらに1／4カップ加えて軽く撹拌する。

ほうれん草とリンゴのスープはすぐにいただきましょう。
冷やしてたべる場合は、30分ほど冷蔵庫に入れましょう。

| アレンジ例 |

- チャードとリンゴのスープ（ケールとリンゴのスープ）
  ほうれん草のかわりに、2カップの刻んだチャードまたはケールを使う。

スープ | Soups

Lunch and Dinner ▶▶

Salads

サラダ

　緑色の葉野菜を使ったサラダを毎日たべれば、その他にどんな食事をしていても、健康状態が改善されます。新鮮なリーフレタス、ロメインレタス、ベビーリーフなどをまず使いましょう。ルッコラ、クレソン、フリゼなどの辛味のある葉野菜を加えたり、トマト、キュウリ、ニンジンなどを少量薄切りにして、または粗くおろして加えたりできます。リーフレタスやベビーリーフは買ってから2～3日のうちがおいしいので、1週間に2回分けて少量を買うことをおすすめします。傷みやすい葉野菜はEvert Fresh Green Bagに入れると、数日間鮮度を保つことができます。

　ロメインレタスは、リーフレタスやベビーリーフよりも日持ちするので、週の後半に使いましょう。歯ごたえのあるおいしいロメインレタスのサラダを作るには、外側のしおれた葉は取り除くか、3個セットで売られているロメインハート（ロメインレタスの中の部分）を買いましょう。

　サラダを作るには、まず、リーフレタスをすべて一口大にちぎり、サラダスピナーに入れます。スピナーを水で満たし、そこに手を入れてリーフレタスをすすぎましょう。サラダスピナーの内側のかごを持ち上げたら、ボウルに入っている水を流します。かごを戻してふたをします。かごを回転させてリーフレタスの水切りをしましょう。リーフレタスを大きめのサラダボウルに移し、その他の材料も加えます。野菜スライサーがあれば、キュウリやタマネギの薄切りのようなつけあわせを手早く用意できるので便利です。

サラダにお好みのドレッシングをかけてトスしましょう。サラダボウルのまま食卓に出してもいいですし、きれいにお皿に盛り付けてもいいですね。つけあわせは、最後に盛り付けるまで取り分けておいても構いません。一食分の食事をサラダだけですませたいときは、ひとすくいのディップかパテを上に乗せましょう。ローにこだわらなければ、蒸し野菜や炊いた全粒穀物や豆類をサラダの横によそってもいいですね。乳製品をたべる方は、生の牛かヤギのチーズはサラダにとても合うのでいいと思います。

　サラダは12時間は持つので、事前に作っておくことができます。サーブするまで、ドレッシングと混ぜないでおきましょう。サラダを持ち運ぶときは、まず、大さじ2杯分のドレッシングを広口のガラスビンに入れます。次に、お好みでブロッコリー、アスパラガス、サヤマメなどの加熱した野菜を入れます。最後に、それらの野菜の上にリーフレタスを乗せます。加熱した野菜があるので、リーフレタスがドレッシングに触れてしおれずにすみます。サラダをたべる時には、お皿の上でガラスビンを下に向けて中身を出します。リーフレタスが下にきて、マリネされた野菜が上にきます。

Caesar Salad

シーザーサラダ

[1人分]

まるで従来のシーザーサラダのように見えますが卵黄やアンチョビが入っていないヴィーガン仕様のおいしいドレッシングを使っています。

|調理器具|

野菜スライサー
＊オプション
まな板
包丁
サラダスピナー
刃がギザギザのナイフ
計量カップ
計量スプーン
ボウル(中または大)
トング
取り分け皿

|材料|

ロメインレタス　半分、もしくはロメインハート　1個
シーザードレッシング　大さじ2【→p120】
トマト　半分　種を取り角切り
赤タマネギの薄切り　6枚　＊オプション
黒オリーブの薄切り　大さじ2
黒コショウ　少々　＊オプション

|作り方|

① ロメインレタスから萎れた葉を取り除き、残りの葉を2.5センチ幅に切る。
② ①をサラダスピナーに入れて洗い、水を切る。
③ ②とシーザードレッシングをボウルに入れてトスする。
④ ③を取り分け皿に移し、トマト、赤タマネギ、黒オリーブ、黒コショウを盛り付ける。

シーザーサラダはすぐにいただきましょう。

注：赤タマネギは、野菜スライサーか切れのよい包丁を使って薄切りにしましょう。

Crudités

野菜スティック
[1人分]

Cruditésは切った生野菜のことを指すフランス語。この彩り豊かで素敵なかたちにカッティングされた生野菜は毎日のおやつにもパーティーの上品な前菜にもなります。

|材料|

ニンジン　半分　皮をむく
セロリの茎　半分
キュウリ　1/4本　皮をむく
赤パプリカ　1/2個
ブロッコリーの房　4個
プチトマト　4個

|調理器具|

まな板
包丁
ピーラー
平皿

|作り方|

① ニンジン、セロリ、キュウリはななめ切りに、チップのような形にする。
　　赤パプリカは縦6つに切り分ける。
② ①を平皿に円形に並べて、ブロッコリーとプチトマトをその中央に盛り付ける。

野菜スティックはすぐにいただきましょう。
もしくは、密閉容器に入れ冷蔵庫で保存すれば、最長で3日間持ちます。
どんなパテ、ディップ、サラダドレッシングにも合います。

Garden Salad

ガーデンサラダ
[1人分]

私のお気に入りの栄養たっぷりのサラダです。オプションを加えればシンプルなサラダが豪華になります。

|調理器具|

サラダスピナー
計量カップ
まな板
ピーラー
包丁
おろし器、またはおろし用のディスクをつけたフードプロセッサー
野菜スライサー
＊オプション
ボウル(中)
トング

|材料|

基本のサラダ

ちぎったサニーレタス　1カップ
ちぎったロメインレタス　1カップ
熟したアボカド　半分　角切り
キュウリ　1/4本　薄切り
ニンジン　1/4本　おろすか薄切りにする

＊オプション

サラダ用ほうれん草　1カップ
アルファルファかクローバーのスプラウト　1/2カップ
タマネギか赤タマネギの薄切り　1/4カップ
ズッキーニ　1/4本　おろすか薄切りにする
セロリの茎　1/4本　薄切り
プチトマト　2個　半分に切る
浸水した生のヒマワリの種　大さじ2
オリーブの薄切り　大さじ2
カットしたダルス(海草)　大さじ2

|作り方|

① 基本のサラダの材料をボウルに入れ、オプションの材料もお好みで好きなだけ入れる。お好みのドレッシングを大さじ2杯分かけて、トスする。

ガーデンサラダはすぐにいただきましょう。

注:キュウリ、ニンジン、ズッキーニは、野菜スライサーか切れのよい包丁を使って薄切りにしましょう。

Lunch and Dinner │昼食と夕食

Grapefruit and Avocado Salad

グレープフルーツとアボカドのサラダ
[1人分]

| 材料 |

グレープフルーツ　1個

ちぎったサニーレタス　2カップ

ルッコラ　1カップ　＊オプション

レモンとハーブのドレッシング　大さじ2と盛り付け用に少々【→p118】

熟したアボカド　半分　薄切り

| 作り方 |

① 刃がギザギザなナイフを使って、グレープフルーツの上部と下部を切り取る。側面の外皮と薄皮を切り落とし、果肉を見える状態にして、それぞれの房から果肉を切り取る。

② リーフレタスとルッコラをボウルに入れ、ドレッシングをかけてやさしくトスする。

③ ②を盛り付け皿に移し、グレープフルーツとアボカドをサラダの上に乗せる。ドレッシングを少々ふりかける。

グレープフルーツとアボカドのサラダはすぐにいただきましょう。

| 調理器具 |

まな板

刃がギザギザのナイフ

サラダスピナー

計量カップ

計量スプーン

包丁

ボウル(中)

トング

盛り付け皿

Greek Salad

ギリシャ風サラダ
[1人分]

ローライスピラフ【→p134】やガーデンラップ【→p129】などのメインディッシュの前菜としていただきましょう。

|調理器具|

まな板
刃がギザギザのナイフ
包丁
野菜スライサー
＊オプション
サラダスピナー
計量スプーン
ボウル（中または大）
トング

|材料|

ちぎったロメインレタス　2カップ
トマト　1個　種を取りざく切り
キュウリ　1/4本　角切り
赤タマネギの薄切り　1/4カップ
赤パプリカ　1/4個　ざく切り
レモンとハーブのドレッシング　大さじ2〜3【→p118】
カラマタオリーブ　大さじ2

|作り方|

① すべての材料をボウルに入れ、よくトスして混ぜ合わせる。ギリシャ風サラダはすぐにいただきましょう。

|アレンジ例|

- フェタチーズのギリシャ風サラダ：フェタチーズ1/4カップを角切りにするか砕いて材料に加える。

注：赤タマネギは、野菜スライサーか
切れのよい包丁を使って薄切りにしましょう。

Lunch and Dinner　|昼食と夕食

Green Salad

グリーンサラダ
[1人分]

シンプルなサラダが
一番なときもあります。
サラダの後に手の込んだ
メインディッシュを
たべるときなどは
そうですね。

|材料|

ミックスレタス　2カップ（リーフレタス、ロメインレタス、サラダ菜）
フレンチドレッシング【→p115】かレモンとハーブのドレッシング【→p118】かスウィート・マスタード・ドレッシング【→p119】　大さじ1
トマトの薄切り　4枚（飾り付け用、キュウリやニンジンの薄切りでも可）
＊オプション

|調理器具|

サラダスピナー
計量カップ
計量スプーン
ボウル（中）
トング
盛り付け皿

|作り方|

① レタスとドレッシングをボウルに入れやさしくトスする。

② ①を盛り付け皿に移し、お好みでトマトを飾る。

グリーンサラダはすぐにいただきましょう。

|アレンジ例|

- アボカドのグリーンサラダ（チーズのグリーンサラダ）：
  アボカド1／4カップかフェタチーズ1／4カップを
  角切りにするか砕いて材料に加える。

秋冬向きのサラダです。

Harvest Salad

ハーベストサラダ
［1人分］

|調理器具|

サラダスピナー
ボウル（中）
計量カップ
計量スプーン
トング
盛り付け皿
まな板
包丁

|材料|

ちぎったサニーレタスまたはベビーリーフ　2カップ
リンゴまたは熟した洋梨　1/4個　薄切り
フレンチドレッシング　大さじ2【→p115】
刻んだピーカンナッツ　大さじ1　浸水しない
生のラズベリー　大さじ1（ドライチェリーやドライクランベリーでも可）

|作り方|

① レタス、リンゴ、ドレッシングをボウルに入れ、やさしくトスする。
② ①を盛り付け皿に移し、ピーカンナッツとラズベリーを飾る。
ハーベストサラダはすぐにいただきましょう。

|アレンジ例|

- **チーズのハーベストサラダ**：ロックフォールやゴルゴンゾーラなどのブルーチーズを大さじ2加える。

注：ドライチェリーやドライクランベリーを使うときは、
10分ほど浸水させふっくらさせてから、水気を切っておきましょう。

Lunch and Dinner｜昼食と夕食

Jerusalem Salad

エルサレムサラダ
［1人分］

この伝統的なサラダは中東料理のレストランでよく出てきます。ズッキーニのフムス【→p089】によく合う付け合わせです。

| 材料 |

キュウリ　半分　角切り
トマト　半分　種を取り角切り
レモンとハーブのドレッシング【→p118】
またはゴマとレモンのドレッシング【→p121】　大さじ2
タマネギのみじん切り　大さじ1
パセリのみじん切り　大さじ1

| 調理器具 |

まな板
包丁
計量スプーン
ボウル（小）
ゴムベラ

| 作り方 |

① すべての材料をボウルに入れ、混ぜ合わせる。

エルサレムサラダはすぐにいただきましょう。

パパイヤライムスープ【→p098】と一緒に食卓に出せばトロピカルな昼食になります。夏向きのメニューです。

Mango and Avocado Salad

マンゴーとアボカドのサラダ

[1人分]

調理器具
まな板
包丁
計量カップ
計量スプーン
レモンしぼり器
ボウル(小)
ゴムベラ
サラダスピナー
盛り付け皿

材料
熟したマンゴー　1個　角切り
熟したアボカド　半分　角切り
赤タマネギのみじん切り　小さじ2
生のコリアンダー　小さじ1
ライム汁　小さじ1
ハラペーニョのみじん切り　小さじ1/4、もしくはカイエンペッパー　少々
ベビーリーフまたは細切りのロメインレタス　2カップ
レモンとハーブのドレッシング　大さじ2【→p118】

| 作り方 |

① マンゴー、アボカド、タマネギ、コリアンダー、ライム汁、ハラペーニョをボウルに入れ、やさしくトスする。

② 盛り付け皿にベビーリーフを盛り付け、レモンとハーブのドレッシングを細い線のようにかける。

③ ゴムベラを使って、①を盛り付け皿の中央に山型に積み上げる。

マンゴーとアボカドのサラダはすぐにいただきましょう。

Lunch and Dinner | 昼食と夕食

Shaved Beet Salad

ビーツのサラダ
［1人分］

生のビーツを薄くスライスしてレモンとハーブのドレッシングでマリネします。ビーツが柔らかくなり、ドレッシングはきれいな赤紫色になります。

|材料|

ビーツ(小)　半分　皮をむく(注を参照)
レモンとハーブのドレッシング　大さじ3【→p118】
ベビーリーフかルッコラ　2カップ
刻んだ生のクルミ　大さじ1　浸水せず　＊オプション

|作り方|

① 野菜スライサーかよく研いだ包丁で、ビーツを紙のように薄くスライスする。
② ①をボウルに入れてドレッシングを加え、
　　ビーツにむらなくドレッシングが絡まるまでトスする。
　　室温で30分ほど、または冷蔵庫で最大12時間マリネする。
③ 盛り付け皿にベビーリーフを盛り付ける。
　　ドレッシングを切ったビーツを、ベビーリーフの上に乗せる。
　　お好みでクルミも盛り付ける。

ビーツのサラダはすぐにいただきましょう。

|アレンジ例|

● ビーツとチーズのサラダ：ロックフォールやゴルゴンゾーラなどの
　　ブルーチーズを大さじ2加える。

注：ビーツの皮をむくには、まずビーツの上下を薄く切り取る。
次にOXO製などのよく切れるピーラーで皮をむいていく。

|調理器具|

まな板
包丁
ピーラー
野菜スライサー
＊オプション
計量カップ
計量スプーン
ボウル(小)
ゴムベラ
トング
盛り付け皿

サラダ | Salads

チコリと赤チコリを
わざわざ買ってでも
作りたい
上品なサラダです。
スーパーマーケット
で買える
グルメな葉野菜です。

Tricolor Salad

トリコロールサラダ

[1人分]

調理器具
まな板
包丁
計量カップ
計量スプーン
サラダスピナー
ボウル(中または大)
トング
平皿

材料
サラダ用ほうれん草またはルッコラ　1カップ
チコリのみじん切り　3/4カップ(約2個分)
赤チコリのみじん切り　3/4カップ(約1/4個)
フレンチドレッシング【→p115】　大さじ2
刻んだクルミ　大さじ1　浸水せず

作り方

① サラダ用ほうれん草、チコリ、赤チコリ、ドレッシングをボウルに入れる。少しの間軽く手で揉んで野菜を柔らかくする。

② ①を平皿に移し、クルミを上に飾る。

トリコロールサラダはすぐにいただきましょう。

アレンジ例

- ゴートチーズのトリコロールサラダ：生のゴートチーズを上に飾る。

Lunch and Dinner │昼食と夕食

Caprese Salad

カプレーゼ
[1人分]

色とりどりの
エアルーム・トマトが
手に入る場合は、
このシンプルなサラダに
使ってみてください。
あざやかなサラダに
なります。

|材料|

熟したトマト　2個　薄切り
塩　小さじ1／8
生のバジルまたは生のオレガノのみじん切り　大さじ1
エクストラバージンオリーブオイル　小さじ2

|調理器具|

まな板
包丁
刃がギザギザのナイフ
計量スプーン
盛り付け皿

|作り方|

① トマトを盛り付け皿に並べる。塩とバジルをふりかけて、オリーブオイルを細い線のようにかける。

カプレーゼはすぐにいただきましょう。

|アレンジ例|

- ゴートチーズのカプレーゼサラダ：生のゴートチーズを60グラム加える。

サラダ | Salads

Lunch and Dinner ▶▶

Salad Dressings

ドレッシング

　ドレッシングのレシピの中で私の一番のお気に入りは、レモンとハーブのドレッシング【→p118】です。葉野菜の繊細な味わいを消さずに、ハーブの香りを加えることができます。その他のレシピも、クリーミーなドレッシングが好きな方に気に入っていただけると思います。こってりしたドレッシングが好きなら、シーザードレッシング【→p120】を試してみてください。このドレッシングがあればマヨネーズやサワークリームがなくても困りません。油分を控えている方は、キュウリのドレッシング【→p116】を作ってみてください。油の量は少ないですがしっかりと味がついています。

　一番かんたんなドレッシングの作り方を知っていますか？　サラダにエクストラバージンオリーブオイルを少量ふりかけてトスします。そしてレモン汁かライム汁を加えて再びトスします。これだけです。オリーブオイルのかわりに、クルミ、フラックスシード、かぼちゃの種などのナッツや種子の油を使っても構いません。

Classic Vinaigrette

フレンチドレッシング
[1／4カップ、2人分]

リンゴ酢はフルーティーなお酢。レッドワインビネガーよりも素早く消化できます。従来のフレンチドレッシングの味に近づけたい場合にはリンゴ酢のかわりにバルサミコ酢を使いましょう。

|材料|

リンゴ酢またはバルサミコ酢　大さじ1
ディジョンマスタード　小さじ1／2　＊オプション
塩　小さじ1／8
黒コショウ　少々　＊オプション
エクストラバージンオリーブオイル　大さじ3

|調理器具|

計量スプーン
ボウル(小)
泡立て器

|作り方|

① お酢、マスタード、塩、コショウをボウルに入れ、泡立て器でかき混ぜる。
② オリーブオイルを入れてなめらかになるまでかき混ぜる。調味料入れかガラスビンに入れ、冷蔵庫で保存する。

フレンチドレッシングは1週間持ちます。

|アレンジ例|

- ハーブとエシャロットのフレンチドレッシング：生のパセリのみじん切りを小さじ1／2とエシャロットのみじん切りを小さじ1／2加える。

ドレッシング | Salad Dressings

Creamy Cucumber Dressing

とてもクリーミーですが実は低脂肪なドレッシングなんですよ。

キュウリのドレッシング
［1人分］

調理器具	材料
まな板	小さめのキュウリ　1個　皮をむき刻む（約1カップ）
ピーラー	エクストラバージンオリーブオイル　1／4カップ
包丁	レモン汁　小さじ1と1／2
計量カップ	塩　小さじ1／4
計量スプーン	ニンニクのみじん切り　小さじ1／4（1／2片）
ニンニクしぼり器	カイエンペッパー　少々　＊オプション
レモンしぼり器	生のディルまたはバジルのみじん切り　小さじ1と1／2
ミキサー	（乾燥ディルまたは乾燥バジル　小さじ1／2でも可）
ゴムベラ	赤タマネギまたはタマネギのみじん切り　小さじ1

作り方

① キュウリ、オリーブオイル、レモン汁、塩、ニンニク、カイエンペッパーをミキサーに入れ、なめらかでクリーミーになるまで攪拌する。

② ディルとタマネギを加え、軽く攪拌して混ぜ合わせる。調味料入れかガラスビンに入れ、冷蔵庫で保存する。

キュウリのドレッシングは3日間持ちます。

アレンジ例

- **赤パプリカのドレッシング**：キュウリのかわりに、小さめの赤パプリカ1個を刻んだものを使う（約1カップ）。
- **トマトのドレッシング**：キュウリのかわりに、熟したトマト2個の種を取り、刻んだものを使う（約1カップ）。レモン汁を小さじ1に減らす。

Pesto Dressing

バジルペーストのドレッシング
［1／2カップ、2人分］

| 材料 |

バジルペースト　1／2カップ【→p086】
レモン汁　大さじ2

| 作り方 |

① バジルペーストとレモン汁を小さめのボウルに入れ、
　スプーンでかき混ぜる。
　密閉容器に入れ、冷蔵庫で保存する。

バジルペーストのドレッシングは5日間持ちます。

| 調理器具 |

計量カップ
計量スプーン
ボウル(小)
レモンしぼり器
スプーン

私のお気に入りの
ドレッシングです。
葉野菜の繊細な味わい
を損なわずにドレッシン
グのエネルギーと香りが
サラダ全体に広がります。
選んだハーブによって
香りを変えられます。

Lemon Herb Dressing

レモンとハーブのドレッシング
［3／4カップ、4人分］

| 調理器具 |

計量カップ
計量スプーン
レモンしぼり器
ニンニクしぼり器
まな板
包丁
ボウル（小）
泡立て器

| 材料 |

レモン汁　1／4カップ

生のハーブのみじん切り　大さじ1
（パセリ、バジル、ディル、ミント、タラゴン、またはオレガノ）

ニンニクのみじん切り　小さじ1／2（1片）

塩　小さじ1／4と1／8

ディジョンマスタード　小さじ1／4　＊オプション

黒コショウ　少々　＊オプション

エクストラバージンオリーブオイル　1／2カップ

| 作り方 |

① レモン汁、ハーブ、ニンニク、塩、マスタード、黒コショウを
　 小さめのボウルに入れ、泡立て器で混ぜ合わせる。

② オリーブオイルを加え、よく混ざるまで再び泡立て器で混ぜ合わせる。
　 調味料入れかガラスビンに入れ、冷蔵庫で保存する。

レモンとハーブのドレッシングは5日間持ちます。

| アレンジ例 |

- ライムとハーブのドレッシング：レモン汁のかわりに
  同量のライム汁を加える。

- コリアンダーとライムのスパイシードレッシング：レモン汁のかわりに
  同量のライム汁を加える。ハーブはコリアンダーを使う。
  カイエンペッパーを小さじ1／8、クミンを少々加える。

Lunch and Dinner｜昼食と夕食

Sweet Mustard Dressing

スウィート・マスタード・ドレッシング
［3／4カップ、4人分］

| 材料 |

エクストラバージンオリーブオイル　1／2カップ
リンゴ酢、またはレモン汁　1／4カップ
ディジョンマスタード　大さじ1
アガベシロップまたは生ハチミツ　小さじ2
ニンニクのみじん切り　小さじ1／2（1片）
黒コショウ　少々

| 調理器具 |

レモンしぼり器
計量カップ
計量スプーン
ニンニクしぼり器
ミキサー
ゴムベラ

| 作り方 |

① すべての材料をミキサーに入れ、
　なめらかでクリーミーになるまで撹拌する。
　調味料入れかガラスビンに入れ、冷蔵庫で保存する。

スウィート・マスタード・ドレッシングは1週間持ちます。

こってりとクリーミーな
ドレッシングです。
乳製品が
使われていないとは
信じられない味です。

Caeser Dressing

シーザードレッシング
[1カップ、4人分]

|調理器具|

計量カップ
計量スプーン
レモンしぼり器
まな板
包丁
ミキサー
ゴムベラ

|材料|

浸水した生のカシューナッツ　1カップ
水　3/4カップ
レモン汁　大さじ2
ガーリックパウダー　小さじ1/2
オニオンパウダー　小さじ1/2
塩　小さじ1/4と小さじ1/8
生のバジルのみじん切り　大さじ1、もしくは乾燥バジル　小さじ1
生のディルのみじん切り　大さじ1、もしくは乾燥ディル　小さじ1

|作り方|

① カシューナッツ、水、レモン汁、ガーリックパウダー、オニオンパウダー、塩をミキサーに入れ、なめらかでクリーミーになるまで攪拌する。
② バジルとディルを加え、少しだけ攪拌して①と混ぜ合わせる。密閉容器に入れて冷蔵庫で保存する。

シーザードレッシングは5日間持ちます。

|アレンジ例|

● サウザンアイランドドレッシング：赤パプリカの半分を刻んだもの（約1/2カップ）を材料に加える。

Tahini Lemon Dressing

ゴマとレモンのドレッシング
［1カップ、4人分］

ガーデンサラダ【→p104】やエルサレムサラダ【→p109】などを中東風の味付けにできます。

| 材料 |

タヒニ　1／2カップ
水　1／3カップ
レモン汁　1／4カップ
ニンニクのみじん切り　小さじ1／2(1片)
クミン　小さじ1／4
塩　小さじ1／4
カイエンペッパー　少々
生のパセリのみじん切り　大さじ1

| 調理器具 |

計量カップ
計量スプーン
レモンしぼり器
ニンニクしぼり器
ミキサー
ゴムベラ

| 作り方 |

① タヒニ、水、レモン汁、ニンニク、クミン、塩、カイエンペッパーをミキサーに入れ、なめらかになるまで攪拌する。
② パセリを加えて少しだけ攪拌し、①と混ぜ合わせる。密閉容器に入れて冷蔵庫で保存する。

ゴマとレモンのドレッシングは5日間持ちます。

Lunch and Dinner ▶▶

Sandwiches

サンドイッチ

　サンドイッチは昼食にとてもむいています。持ち運べて、手で持ってたべることができ、それだけでおなかいっぱいになります。けれど従来のサンドイッチは炭水化物を多く含むパンを使うので、たべつかれて食後に怠惰な気分になることがあります。パンのかわりにロメインレタスを使えば炭水化物を減らせます。残り物のパテ、ディップ、アボカドをロメインレタスの葉に塗り、スプラウトとトマトの薄切りを乗せたら、もう1枚のロメインの葉を重ねましょう。ローフードのサンドイッチは、従来のサンドイッチのように手でつかんでたべることができます。そして、ラップでくるんで弁当箱に入れれば、持ち運ぶことも可能です。

Guacamole Sandwich

ワカモレのサンドイッチ
[1人分]

|材料|

ロメインレタスの葉(大)　2枚
ワカモレ　1／2カップ【→p079】
トマト　半分　薄切り

|作り方|

① 片方のロメインレタスの葉にワカモレを塗る。
② トマトをその上に乗せて、もう1枚のロメインレタスの葉を重ねる。
ワカモレのサンドイッチはすぐにいただきましょう。

|調理器具|

ゴムベラ
まな板
刃がギザギザのナイフ

Hummus Sandwich

フムスのサンドイッチ
[1人分]

|調理器具|

ゴムベラ
まな板
刃がギザギザのナイフ
包丁

|材料|

ロメインレタスの葉(大)　2枚
ズッキーニのフムス　1/2カップ【→p089】
赤パプリカ　1/4個　薄く輪切りにする
黒オリーブの薄切り　大さじ2

|作り方|

① 片方のロメインレタスの葉にフムスを塗る。
② 赤パプリカと黒オリーブをその上に乗せて、もう1枚のロメインレタスを重ねる。

フムスのサンドイッチはすぐにいただきましょう。

|アレンジ例|

- **フェタチーズとフムスのサンドイッチ**：大さじ2の粉状のフェタチーズをオリーブの上にふりかける。

Not Tuna Sandwich

ツナ風パテのサンドイッチ
[1人分]

| 材料 |

ロメインレタスの葉(大)　2枚
ツナ風パテ　1/4カップ【→p084】
アルファルファかクローバーのスプラウト　1カップ
キュウリの薄切り　6枚
トマト　1個　薄切り

| 調理器具 |

ゴムベラ
まな板
刃がギザギザのナイフ
包丁
野菜スライサー

| 作り方 |

① 片方のロメインレタスの葉にパテを塗る。
② スプラウト、キュウリ、トマトをその上に乗せ、
　もう1枚のロメインレタスの葉を重ねる。

ツナ風パテのサンドイッチはすぐにいただきましょう。

Walnut Pâté Sandwich

クルミのパテのサンドイッチ
[1人分]

調理器具
ゴムベラ
まな板
刃がギザギザのナイフ

材料
ロメインレタスの葉(大)　2枚
クルミのパテ　1/4カップ【→p087】
アルファルファかクローバーのスプラウト　1カップ
トマト　1個　薄切り
スウィート・マスタード・ドレッシング　大さじ1【→p119】　＊オプション

| 作り方 |

① 片方のロメインレタスの葉にパテを塗る。
② スプラウトとトマトをその上に乗せ、
　お好みでドレッシングを細い線のようにかける。
　もう1枚のロメインレタスの葉を重ねる。

クルミのパテのサンドイッチはすぐにいただきましょう。

Veggie Sub Sandwich

ベジタブルサンドイッチ
［1人分］

| 材料 |

ロメインレタスの葉（大）　2枚
アルファルファかクローバーのスプラウト　1カップ
熟したアボカド　半分　薄切り
キュウリの薄切り　6枚
トマト　半分　薄切り
タマネギの薄切り　6枚
レモンとハーブのドレッシング【→p118】
またはシーザードレッシング【→p120】　大さじ1

| 調理器具 |

まな板
刃がギザギザのナイフ
包丁
野菜スライサー

| 作り方 |

① スプラウト、アボカド、キュウリ、トマト、タマネギを
　片方のロメインレタスの葉の上に乗せる。
② ドレッシングを細い線のようにかけ、
　もう1枚のロメインレタスの葉を重ねる。

ベジタブルサンドイッチはすぐにいただきましょう。

注：キュウリとタマネギを薄くスライスするには、
野菜スライサーか切れ味のよい包丁を使いましょう。

サンドイッチ | Sandwiches

Lunch and Dinner ▶▶

Entrées

メインディッシュ

....

　おいしいロースープやサラダをたべた後、さらにメインディッシュがたべたくなることもあります。けれどロービザやローハンバーガーを数時間もかけてディハイドレイターで乾燥させる必要はありません。残り物のパテかディップと少しの野菜があれば「重ねる」「詰める」「巻く」テクニックを使って、上品なメインディッシュを数分で作れます。トマトとバジルペースト【→p086】を「重ねる」と、トマト重ね【→p137】になります。ズッキーニの薄切り、ほうれん草、マリナラソース【→p081】を「重ねる」とラザニア【→p132】になります。ツナ風パテ【→p084】とワカモレ【→p079】が手元にあれば、野菜に「詰める」ことができます。パプリカの詰め物【→p139】、トマト重ね【→p137】、マッシュルームの詰め物【→p136】が5分で作れます。「巻く」メインディッシュでは、カルフォルニアロール【→p130】が人気ですが、ガーデンラップ【→p129】、生春巻き【→p135】もおいしいですよ。ローのメインディッシュはそのまま単品でサーブしても、サイドディッシュ【→p140〜p151】を添えてサーブしてもいいでしょう。

Garden Wrap

ガーデンラップ
［1人分］

このレシピを考案した
アリッサ・コーエンに
感謝します。
コラードの葉の色が
この栄養たっぷりの
メインディッシュに
彩りを与えます。

| 材料 |

タマネギの薄切り　6枚
マッシュルームの薄切り　1/2カップ
醤油　大さじ1
コラードの葉(大)　1枚
熟したアボカド　1/2個　薄切り
キュウリ　1/4個　千切り
ニンジン　1/4カップ　おろすかリボン状にする
(「調理器具」【→p042】を参照)

| 調理器具 |

ピーラー
まな板
包丁
野菜スライサー
＊オプション
おろし器
計量カップ
計量スプーン
ボウル(中)
ゴムベラ

| 作り方 |

① タマネギ、マッシュルーム、醤油を中くらいのボールに入れてトスする。
ゴムベラか手で全体をなじませる。
10分間置いてマリネした後、汁を切っておく。

② コラードの葉の一番太い茎の部分を切り取り、
内側を上にして横向きにまな板に置く。

③ タマネギ、マッシュルーム、アボカド、キュウリ、ニンジンを
②の上にのせる。ブリトーのように巻いていく。
巻きながら両端を折り込んでいく。巻き上げたら2つに切る。

ガーデンラップはすぐにいただきましょう。

メインディッシュ | Entrées

California Rolls

カリフォルニアロール
[2個、1人分]

少し練習すれば
プロのように
仕上げられます。
パーティーの前菜にも
なりますし
サンドイッチのかわりに
弁当箱に詰めれば
お弁当にもなります。

| 調理器具 |

ピーラー
まな板
包丁
おろし器
竹製の巻きす
計量カップ
ボウル(小)、水を入れ、海苔巻きに封をするのに使う
刃がギザギザのナイフ
平皿
醤油を入れる小皿　*オプション

| 材料 |

海苔　2枚

白味噌　小さじ2

アルファルファかクローバーのスプラウト　2カップ

熟したアボカド　半分　薄切り

キュウリ　1/4個　千切り

ニンジン　1/4カップ　おろすかリボン状にする(「調理器具」【→p042】を参照)

赤パプリカ　1/4個　縦に細切り

醤油　*オプション

| 作り方 |

① 海苔を1枚、つやのある方を下にして竹の巻きすの上に置く。小さじの背を使い、味噌小さじ1を海苔の手前1/3の部分に塗り広げる。味噌を塗った部分にスプラウト、アボカド、キュウリ、ニンジン、赤パプリカを積み重ねる。

② 両手の親指と人差し指で海苔と巻きすをつまみ上げ、残りの指で、野菜を押さえながらむこう側へ巻いていく。巻きすを使って手前の海苔を野菜のむこう側へ巻き、握る。巻きすを外して引き続き転がしていく。

③ 巻き終わる直前に、人差し指を水で濡らし、むこう側の海苔の端をなぞって湿らせる。こうすると海苔巻きを封することができる。刃がギザギザのナイフで6つに切り分ける。もう1枚の海苔も同様に巻く。

カリフォルニアロールは平皿に盛り付けてすぐにいただきましょう。お好みで醤油を添えましょう。

| アレンジ例 |

- ツナ風海苔巻き：キュウリのかわりにツナ風パテ【→p084】を1/4カップ(海苔巻き毎に大さじ2杯)使う。

Lunch and Dinner | 昼食と夕食

Avocado Boats

アボカドボート
[1人分]

| 材料 |

熟したアボカド　半分　種を取る
角切りにした熟したマンゴー、またはサルサ【→p085】　1/4カップ
塩　少々
ライム汁　小さじ1/4

| 調理器具 |

まな板
包丁
平皿
スプーン

| 作り方 |

① アボカドの皮をむく(「まな板と包丁」【→p040】参照)。
　　ティースプーンを使い果肉を少し取り除き、
　　マンゴーを入れる空間を作る。
② マンゴーを詰め、塩とライム汁をふりかける。

アボカドボートはすぐにいただきましょう。

小麦粉を使用せずに
伝統的なイタリア料理の
味わいになります。
パスタのかわりに
ズッキーニを、
チーズのかわりに
アボカドを使います。

Lasagna

ラザニア
[1～2人分]

| 調理器具 |

まな板
包丁
計量カップ
計量スプーン
ボウル(小)
ゴムベラ
ピーラー
野菜スライサー
＊オプション
フードプロセッサー
正方形の密閉容器(残り物を入れるプラスチック製の容器など)

| 材料 |

ズッキーニ　半分　皮をむく
ほうれん草の葉　きつく詰めて2カップ
マリナラソース　1/2カップ【→p081】
熟したアボカド　半分　すりつぶす

| 作り方 |

① 野菜スライサーかよく切れる包丁でズッキーニを縦に薄切りにする。
　幅の広いパスタを作る。

② ほうれん草をフードプロセッサーに入れ、細かくみじん切りにする。
　中くらいのボウルに入れる。

③ 小さい四角形の容器の底にマリナラソース大さじ2を広げ、
　その上に、薄切りズッキーニの1/3を並べる。

④ ③の上にマリナラソース大さじ2を広げ、
　すりつぶしたアボカドの半分をその上に広げる。

⑤ ほうれん草のみじん切りの半分を乗せて、ゴムベラで押し広げる。

⑥ ③〜⑤をもう一度繰り返す。
　薄切りズッキーニの1/3とマリナラソース大さじ2が残る。

⑦ 一番上に残りのズッキーニを並べて層にし、
　残りのマリナラソースで覆う。
　密閉容器に入れて冷蔵庫に保存する。

ラザニアは2日間持ちます。

| アレンジ例 |

● **チーズのラザニア**：アボカドのかわりに柔らかなゴートチーズか
　リコッタチーズを1/4カップ使う。

Lunch and Dinner | 昼食と夕食

Not Meat Balls

ローミートボール
[1人分]

単品で、または、
マリナラソースの
ズッキーニスパゲッ
ティー【→p138】
に添えて、
イタリア料理として
いただきましょう。

|材料|

クルミのパテ　1／2カップ【→p087】
マリナラソース　大さじ2【→p081】

|調理器具|

平皿
スプーン

|作り方|

① パテを2つか3つのボールの形に整え、取り分け皿に盛り付ける。
　 マリナラソースで薄く表面を覆う。

ローミートボールはすぐにいただきましょう。

メインディッシュ | Entrées

Mock Rice Pilaf

ローライスピラフ
[1人分]

中東風のおいしい料理です。粗くおろしたズッキーニがごはんのかわりになります。

| 調理器具 |

ピーラー
包丁
まな板
おろし器、または、おろし用の刃を付けたフードプロセッサー
計量カップ
計量スプーン
ボウル(小)
ゴムベラ

| 材料 |

皮をむき、粗くおろしたズッキーニ　1カップ（約1本分）
塩　小さじ1／8
マリナラソース　大さじ3【→p081】
刻んだ生の松の実　大さじ1
レーズンまたはグリーンレーズン　小さじ2　10分間浸水し水を切る
生のパセリかディルのみじん切り　小さじ1

| 作り方 |

① ズッキーニと塩をボウルに入れて混ぜ合わせ、5分置く。
　 手で水分をしぼって捨てる。
② マリナラソース、松の実、レーズン、パセリを加え、やさしく混ぜ合わせる。
ローライスピラフはすぐにいただきましょう。

Lunch and Dinner | 昼食と夕食

Spring Rolls

生春巻き
[1人分]

生春巻きは
人気のアジア料理です。
ちりめんキャベツの
葉のかわりに
水にくぐらせた
ライスペーパーを使えば
より従来の生春巻きに
近づけることができます。
味噌汁と一緒にどうぞ。

| 材料 |

ちりめんキャベツか白菜の葉　1枚（注参照）

もやしかレタスのみじん切り　1／2カップ

ニンジン　1／4カップ　粗くおろすかリボン状にする（「調理器具」【→p042】を参照）

キュウリ　1／4個　リボン状にする（「調理器具」【→p042】を参照）

コリアンダーの葉かミントの葉　2枚

ピーナッツ風味のソース【→p082】　小さじ1と1／2とディップ用に少し

| 調理器具 |

まな板

包丁

計量カップ

計量スプーン

おろし器

| 作り方 |

① ちりめんキャベツの一番硬い芯の部分を切り取る。まな板の上に横向けに、葉の内側を上に向けて置く。

② もやし、ニンジン、キュウリ、コリアンダーをキャベツの葉の上に積み重ねる。ピーナッツ風味のソースを細い線のようにかける。

③ 端を折り込みながら葉を巻き上げたら、2つに切り分ける。

生春巻きはすぐにいただきましょう。

注：ちりめんキャベツや白菜の葉は柔らかいので、
かんたんに巻くことができます。

Stuffed Mushrooms

マッシュルームの詰め物
[1人分]

調理器具

まな板
包丁
ティースプーン
計量カップ
計量スプーン
ボウル(中)
平皿
ゴムベラ

材料

ポートベロマッシュルーム　1個
醤油　小さじ2
ひまわりの種とハーブのパテ、
またはひまわりの種とドライトマトのパテ　1/4カップ【→p088】
生のパセリのみじん切り　小さじ1/2(飾り付け用)　＊オプション

作り方

① マッシュルームの軸を切り落とす。ティースプーンを使って
　 内側をくりぬき、パテを入れるための空間を作る。
② ①をボウルに入れ、醤油をふりかけて混ぜ合わせ、全体に行き渡らせる。
　 5〜30分置いてマリネする。
③ ②を穴を上向きにして皿に置く。
　 パテを詰めて、お好みでパセリを散らす。

マッシュルームの詰め物はすぐにいただきましょう。

アレンジ例

- **マッシュルーム詰めの前菜**：ポートベロマッシュルームのかわりに、
  マッシュルーム8個を使う。
  それぞれのマッシュルームに小さじ1と1/2のパテを詰める。
  すぐにいただきましょう。

Tomato Stacks

トマト重ね
［1人分］

ジューシーなトマトと
リッチなパテのおいしい
組み合わせです。
ナイフとフォークを
使うとたべやすいです。

| 材料 |

熟れたトマト(大)の薄切り　2枚
クルミのパテ【→p087】　1/4カップ
（ツナ風パテ【→p084】またはバジルペースト【→p086】でも可）
アルファルファかクローバーのスプラウト　大さじ2
黒オリーブの薄切り　小さじ1

| 調理器具 |

まな板
刃がギザギザのナイフ
計量カップ
計量スプーン
平皿

| 作り方 |

① トマトの薄切り1枚を皿の上に置き、その上にクルミのパテ大さじ2を広げる。
② そこにトマトの薄切りをもう1枚重ね、残りのクルミのパテ大さじ1を広げる。
③ アルファルファのスプラウトと黒オリーブを上に乗せる。

トマト重ねはすぐにいただきましょう。

メインディッシュ | Entrées

Zucchini Pasta al Pesto

このおいしいイタリアンのメインディッシュをたべれば小麦粉のパスタをたべたいとは思わなくなるかもしれません。浅い平皿に盛り付ければ上品な見栄えになります。

バジルペーストのズッキーニスパゲッティー
[1人分]

| 調理器具 |

ピーラー
まな板
包丁
回転式野菜スライサー
計量カップ
ボウル(中)
トング

| 材料 |

ズッキーニ　1本　皮をむく
バジルペースト【→p086】　大さじ2

| 作り方 |

① 回転式野菜スライサーを使い、ズッキーニを麺状に切る。もしくは、ピーラーを使って芯までリボン状に切りとり、フェットチーネ風の麺状にする。
② ①を中くらいのボウルに入れ、バジルペーストと一緒にトスする。
バジルペーストのズッキーニスパゲッティーはすぐにいただきましょう。

注：温かくする場合は、ソースを弱火で1分ほどコンロにかける。温めすぎないように気をつける。パスタに絡ませたらすぐにいただきましょう。

| アレンジ例 |

- マリナラソースのズッキーニスパゲッティー(プッタネスカソースのズッキーニスパゲッティー)：バジルペーストのかわりにマリナラソースかプッタネスカソース【→p081】を大さじ2加える。
- タイ風ヌードル：バジルペーストのかわりにピーナッツ風味のソース【→p082】を大さじ2加える。
- アルフレッドソースのズッキーニフェットチーネ：ズッキーニをリボン状に切ったものを、シーザードレッシング【→p120】大さじ2とトスする。

Stuffed Bell Peppers

パプリカの詰め物
［1人分］

|材料|

赤パプリカ　半分　種を取る（大きいパプリカの場合は1/4個）
ツナ風パテ【→p084】　1/4カップ
（ひまわりの種とハーブのパテ【→p088】またはワカモレ【→p079】でも可）
生のパセリのみじん切り　小さじ1/2（飾り付け）　＊オプション

|調理器具|

まな板
包丁
果物用ナイフ
スプーン

|作り方|

① パプリカの内側についている白い薄皮を果物ナイフで切り取る。
② パプリカにパテを詰め、お好みでパセリを飾る。

パプリカの詰め物はすぐにいただきましょう。

|アレンジ例|

- **トマトの詰め物**：赤パプリカのかわりに熟したトマト1個を使う。へたのまわりを果物ナイフで切り取る。小さい計量スプーンでトマトの中心部分の果肉と種を取り除き、穴を作る。パテを詰めてお好みでパセリを飾る。

Lunch and Dinner ▶▶

Vegetable Side Dishes

サイドディッシュ

ビーツ、ブロッコリー、キャベツ、ニンジン、カリフラワー、コラード、ケールなどの固めの野菜を、生のままでたべやすくするにはどうすればよいでしょうか？　エクストラバージンオリーブオイルとレモン汁と塩のドレッシングでマリネすればいいのです。ドレッシングは野菜の栄養と味わいを奪わずに繊維を分解します。（加熱しても繊維を分解できますが、栄養価は損なわれてしまいます。）ケールやコラードの葉をマリネするときは、両手で葉をもみこみましょう。野菜は、より細かく薄切り、細切り、ざく切りにすれば、マリネ液が素早く染み込み、より柔らかくなります。

Cucumbers with Fresh Mint

キュウリとミントのマリネ
［1人分］

カリフォルニアロールや
ツナ風海苔巻きの
つけあわせに
ぴったりです。

材料
塩もみキュウリ　1カップ【→p048のキャベツをキュウリにアレンジ】
生のミントのみじん切り　大さじ1
エクストラバージンオリーブオイル　小さじ1と1／2
レモン汁　小さじ1
ニンニクのみじん切り　小さじ1／4（1／2片）
クミン　少々
黒コショウ　少々

調理器具
まな板
包丁
計量カップ
計量スプーン
レモンしぼり器
ニンニクしぼり器
ボウル（中）
ゴムベラ

作り方
① すべての材料をボウルに入れてトスする。
　密閉容器に入れて冷蔵庫に保存する。

キュウリとミントのマリネは3日間持ちます。

ローライスピラフ【→p134】のつけあわせにぴったりです。

Carrots with Moroccan Spices

ニンジンのモロッコ風マリネ
［1カップ、1〜2人分］

調理器具
まな板
包丁
野菜スライサー
レモンしぼり器
計量カップ
計量スプーン
ボウル(中)
ゴムベラ

材料
ニンジン　2本　皮をむく
生のパセリのみじん切り　大さじ2
フレッシュオレンジジュース　大さじ2
レモン汁　小さじ1と1/2
エクストラバージンオリーブオイル　小さじ1と1/2
塩　小さじ1/8
カイエンペッパー　少々
シナモン　少々
クミン　少々
黒コショウ　少々

作り方

① ニンジンを野菜スライサーかよく切れるナイフで薄切りにする。
② ①と残りの材料をボウルに入れ、よくトスする。
　 密閉容器に入れて冷蔵庫で保存する。

ニンジンのモロッコ風マリネは3日間持ちます。

Carrots with Parsley and Walnuts

ニンジンとクルミのマリネ
［1カップ、1人分］

| 材料 |

粗くおろしたニンジン　約1カップ
生のパセリのみじん切り　大さじ2
生のクルミのみじん切り　大さじ2　浸水せず
レモン汁　小さじ2
エクストラバージンオリーブオイル　小さじ2
塩　小さじ1／8
黒コショウ　少々　＊オプション

| 作り方 |

① すべての材料をボウルに入れてよくトスする。
　 密閉容器に入れて冷蔵庫で保存する。

ニンジンとクルミのマリネは3日間持ちます。

| アレンジ例 |

- **ニンジンとレーズンとミントのマリネ**：パセリとクルミを材料から外す。
　 大さじ2のゴールデンレーズンを10分間浸水させて、
　 レーズンを膨らませ柔らかくし、水を切る。
　 生のミントのみじん切りを大さじ2加える。

| 調理器具 |

まな板
ピーラー
包丁
おろし器、またはおろし
用の刃を付けたフード
プロセッサー
計量カップ
計量スプーン
レモンしぼり器
ボウル（中）
ゴムベラ

この甘酸っぱいローの
コールスローのレシピは
マヨネーズが
たくさん入った
従来のコールスローの
かわりになります。

Coleslaw

コールスロー
［1と1／2カップ、1人分］

|調理器具|

まな板
ピーラー
包丁
野菜スライサー
＊オプション
おろし器、またはおろし
用の刃をつけたフード
プロセッサー
計量カップ
計量スプーン
ボウル(中)
ゴムベラ

|材料|

塩もみキャベツ　1カップ【→p048】
ニンジン　半分　おろす(約1/4カップ)
赤タマネギの薄切り　1/4カップ　＊オプション
エクストラバージンオリーブオイル　大さじ2
リンゴ酢またはレモン汁　大さじ1
生ハチミツまたはアガベシロップ　小さじ1と1/2
セロリシード(粒)　小さじ1/4　＊オプション
黒コショウ　少々

|作り方|

① すべての材料をボウルに入れよく混ぜ合わせる。
　 密閉容器に入れ冷蔵庫で保存する。

コールスローは3日間持ちます。

注：赤タマネギを薄切りにするには、
野菜スライサーかよく切れる包丁を使う。

Lunch and Dinner ｜昼食と夕食

Latin American Cabbage

ラテンアメリカ風コールスロー
［2カップ、1人分］

ワカモレ【→p079】や
パパイヤライムスープ
【→p098】とよく合う
コスタリカ料理です。

|材料|

塩もみキャベツ　1カップ【→p048】
熟したトマト　半分　種を取り角切り
キュウリ　1/4本　皮をむき薄切りにする
セロリの茎　半分　角切り
生のコリアンダーのみじん切り　大さじ2
ライム汁　大さじ1
タマネギのみじん切り　小さじ2
エクストラバージンオリーブオイル　小さじ1と1/2

|調理器具|

野菜スライサー
＊オプション
まな板
刃がギザギザのナイフ
包丁
レモンしぼり器
計量スプーン
ボウル(中)
トング

|作り方|

① すべての材料をボウルに入れてよくトスする。
　　10分ほど室温に置きマリネする密閉容器に入れて冷蔵庫で保存する。
ラテンアメリカ風コールスローは2日間持ちます。
注：キュウリを薄切りにするには、野菜スライサーかよく切れる包丁を使う。

サイドディッシュ | Vegetable Side Dishes

Mediterranean Kale

地中海風ケールサラダ
[1人分]

細切りにして
ドレッシングで
マリネすると
ケールは柔らかくて
ジューシーな
食感になります。

調理器具
まな板
包丁
計量スプーン
ボウル(中)
レモンしぼり器
刃がギザギザのナイフ
トング

材料
ケールの葉　4枚　茎を取り除く
エクストラバージンオリーブオイル　小さじ1と1/2
レモン汁　小さじ1と1/2
塩　小さじ1/8
赤パプリカ　1/4個　角切り
生の松の実　大さじ1
黒オリーブの薄切り　大さじ1
黒コショウ　少々　＊オプション

| 作り方 |

① 2枚のケールの葉を重ね、茎元を手前にして置く。縦半分に折ってから、葉巻のようにきつく巻き上げていく。細い千切りになるように、葉巻状のケールを横向きに置いて薄く切っていく。残りの2枚の葉も同様に切る。ケールの千切りが長すぎないように、2〜3回横に刻む。

② ①をオリーブオイル、レモン汁、塩と一緒にボウルに入れる。手でよくもみこみ、ケールにドレッシングが行き渡るようにする。赤パプリカ、松の実、オリーブも加えやさしくトスする。10分ほど室温に置いてマリネする。お好みで黒コショウで味つけする。密閉容器に入れて冷蔵庫で保存する。

地中海風ケールサラダは3日間持ちます。
室温に戻してからいただきましょう。

| アレンジ例 |

- 松の実とレーズンの地中海風ケールサラダ：赤パプリカとオリーブを材料から外し、ゴールデンレーズンを大さじ1加える。
- 地中海風パセリサラダ：ケールのかわりにみじん切りのパセリを3/4カップ使う。手でもみこむ必要はなく、ゴムベラで軽く混ぜ合わせる。

Marinated Vegetables

ブロッコリーのマリネ
［1人分］

ブロッコリーと
マッシュルームは
マリネすると
加熱したような
食感になります。
しかも加熱しないため
栄養素を逃しません。

|材料|

小さなブロッコリーの房　1カップ
クレミニマッシュルーム　6個　4つ切り
ニンジンの薄切り　1／2カップ（ニンジン半分）
レモンとハーブのドレッシング【→p118】
またはフレンチドレッシング【→p115】　大さじ3

|作り方|

① すべての材料をボウルに入れ、手でよくトスして、
　 野菜にドレッシングをなじませる。
② 4～12時間冷蔵庫でマリネする。密閉容器に入れて冷蔵庫に保存する。

ブロッコリーのマリネは3日間持ちます。室温に戻してからいただきましょう。

|調理器具|

まな板
包丁
ピーラー
計量カップ
ボウル（中）
ゴムベラ
ざる
サラダスピナー
トング

Southern Greens

南部風グリーンサラダ
[1人分]

調理器具
まな板
包丁
計量スプーン
レモンしぼり器
ニンニクしぼり器
ボウル（中）

| 材料 |

カーリーケール、またはレッドケール、またはその両方の葉　4枚　茎を取り除く
コラードの葉　2枚　茎を取り除く
新鮮なバジルの葉　4枚　みじん切り
エクストラバージンオリーブオイル　小さじ2
レモン汁　小さじ2
ニンニクのみじん切り　小さじ1／2（1片）
塩　小さじ1／8
カイエンペッパー　少々

| 作り方 |

① ケールを細切りにし、ボウルに入れる。
② コラードの葉を重ね、茎の元側を手前にして置く。
　縦半分に折り、葉巻のように巻き上げる。
③ 葉巻状にしたコラードを横向きに置き、細切りにする。
④ 細切りにしたコラードが長すぎないように、刻んで適当な長さにする。
⑤ ④をケールを入れたボウルに入れ、バジル、オリーブオイル、
　レモン汁、ニンニク、塩、カイエンペッパーを加える。
　手で葉野菜にドレッシングを行き渡らせる。
⑥ 10分ほど室温でマリネする。密閉容器に入れて冷蔵庫で保存する。

南部風サラダは3日間持ちます。室温に戻していただきましょう。

Southern Greens

|アレンジ例|

- **インド風グリーンサラダ**：コラードのかわりにからし菜2枚を使う。バジルのかわりにカレーパウダー少々とクミン少々を加える。
- **アジア風グリーンサラダ**：コラードのかわりにチンゲン菜を2茎使う。バジルのかわりに醤油小さじ1/2とおろしたショウガ小さじ1/4を材料に加える。

ローのタブーリは
ブルガー小麦を使った
従来のタブーリよりも
軽い仕上がりに
なります。
香りのよい
中東料理です。

Tabouli

タブーリ
[1人分]

調理器具	材料
まな板	生のパセリのみじん切り　3/4カップ
包丁	生のミントのみじん切り　大さじ1
計量カップ	トマト　半分　種を取り角切り
計量スプーン	レモン汁　小さじ1と1/2
刃がぎざぎざのナイフ	エクストラバージンオリーブオイル　小さじ1と1/2
レモンしぼり器	塩　小さじ1/8
ボウル(小)	
ゴムベラ	

|作り方|

① すべての材料をボウルに入れよくトスする。
　 密閉容器に入れて冷蔵庫で保存する。

タブーリは3日間持ちます。

Lunch and Dinner ｜昼食と夕食

Swiss Chard with Pine Nuts and Raisins

スイスチャードと松の実とレーズンのマリネ
［1人分］

イタリアンレストランの
加熱調理した
サイドディッシュのように
上品な一品です。

材料
スイスチャード　4枚　茎を取り除く
エクストラバージンオリーブオイル　小さじ1と1／2
レモン汁　小さじ1と1／2
塩　小さじ1／8
生の松の実　大さじ1
ゴールデンレーズン　大さじ1　10分浸水し水切りする
黒コショウ　少々　＊オプション

調理器具
まな板
包丁
計量スプーン
レモンしぼり器
ボウル（中）

| 作り方 |

① スイスチャードの葉を重ね、茎元を手前にして置く。
　縦半分に折り、葉巻のように巻き上げる。

② ①を横向きに置き、細切りにする。残りのスイスチャードの葉も同様に行う。
　スイスチャードの葉の細切りが長すぎないように、
　2〜3回切って適当な長さにする。

③ ②とオリーブオイル、レモン汁、塩をボウルに入れる。
　手でよくトスし、スイスチャードにドレッシングを行き渡らせる。

④ 松の実とレーズンを入れてやさしくトスし、
　お好みで黒コショウで味付けする。10分室温に置いてマリネする。
　密閉容器に入れて冷蔵庫で保存する。

スイスチャードと松の実とレーズンのマリネは3日間持ちます。
たべる前に室温に戻しましょう。

サイドディッシュ｜Vegetable Side Dishes

Chapter 8

Dessert

デザート

ローフードBASICS

　ケーキ、クッキー、コブラー、タルト、プディング、ムース、シェイク、アイスクリーム。あなたが好きなどんなデザートも、ローで作ることができます。ローのデザートでは、精白小麦粉、白砂糖、加熱した油脂のかわりに、ナッツ、ドライフルーツ、アボカドなどの自然食品を使います。昼食や夕食のデザートにチョコレートムース【→p180】をたべてみましょう。午後のおやつにはアーモンドミルク【→p046】と一緒にアーモンドクッキー【→p160】かブラウニー【→p162】をたべましょう。もしくはトロピカルフルーツタルトひと切れ【→p176】で軽い食事にしてもいいですね。ほとんどのレシピは2人分以上の分量です。友達と分けてたべてみてくださいね。

Dessert ▶▶

Cakes, Cookies, and Bars

ケーキ、クッキー、バー

ローのケーキ・クッキー・バーは、ナッツとドライフルーツ、それに加えてココア、キャロブ、柑橘類の皮、エクストラクトなどの調味料から作ります。ドライフルーツやナッツは浸水せず、噛み応えのある食感を作り出します。ケーキ型やクッキングシートは必要ありません。フードプロセッサーさえあれば作れます。レシピの分量を2〜3倍にすれば、より大きめなケーキやより多くのクッキーを作ることができます。

Walnut-Raisin Cake

クルミとレーズンのケーキ

［直径13センチのケーキ、4人分］

このリッチで柔らかいケーキはとてもかんたんに作れますがパーティーにもっていけるほどよい仕上がりになります。アリッサ・コーエンのデーツナッツトルテのレシピから思いつきました。

|調理器具|

計量カップ
フードプロセッサー
ゴムベラ
平皿

|材料|

生のクルミ　1カップ　浸水せず
レーズン　1カップ　浸水せず
レモングレーズまたはオレンジグレーズ　1/4カップ【→p183】
生のラズベリー　1/2カップ

|作り方|

① クルミとレーズンをフードプロセッサーに入れ、材料がくっつくまで粉砕する。
② ①を皿に移し、ゴムベラで直径13センチの円形にまとめる。上部と側面にグレーズを塗り、冷蔵庫で最低1時間冷やす。
③ たべる前にフレッシュラズベリーをケーキや平皿に盛り付ける。

クルミとレーズンのケーキは、ラップをして冷蔵庫で保存し5日間、冷凍庫で保存し2週間持ちます。
冷やすか室温に戻していただきましょう。

Apple Crumb Cake

リンゴのクランブルケーキ
[直径13センチのケーキ、4人分]

クランブルを
トッピングし
白いアイシングを
細く線状にかけます。
しっとりした
フルーツケーキです。

| 材料 |

ドライアップル　きっちり入れて3/4カップ　浸水せず
種を取ったマジョールデーツ　3個　浸水せず
リンゴ　1個　皮をむき粗くおろす
シナモン　小さじ1/8
クランブルトッピング　1カップ【→p164】
バニラクリームソース【→p187】
またはオレンジクリームソース【→p185】　大さじ2　＊オプション

| 調理器具 |

計量カップ
計量スプーン
まな板
ピーラー
包丁
おろし器、おろし用の刃をつけたフードプロセッサー
フードプロセッサー
ゴムベラ
平皿

| 作り方 |

① ドライアップルをフードプロセッサーに入れ、粉状になるまで粉砕する。デーツを加えてみじん切りになるまでしっかり粉砕する。
② おろしたリンゴとシナモンを加え、よく混ぜ合わせる。時々止めて、側面についた材料をゴムベラでかきおとす。
③ クランブルトッピング1/2カップを平皿に置き、ゴムベラで直径13センチの円形にまとめる。
④ ③に②を乗せ、ケーキの形にまとめる。
⑤ ④の上部と側面に残りのクランブルトッピングを乗せ、最低1時間冷やす。
⑥ お好みでバニラクリームソースを細い線状にしてケーキにかける。ラップをして冷蔵庫で保存する。

リンゴのクランブルケーキは3日間持ちます。
室温に戻していただきましょう。

ケーキ、クッキー、バー | Cakes, Cookies, and Bars

スペインのデザートの
アレンジです。
果物やチーズと一緒に
たべるケーキとして
親しまれています。

Spanish Fig Cake
スペイン風イチジクのケーキ
［直径13センチのケーキ、4人分］

|調理器具|
まな板
果物ナイフ
計量カップ
フードプロセッサー
ゴムベラ
平皿

|材料|
干しイチジク（ブラックミッションまたはカリミルナ）　3/4カップ
生のアーモンド　1/2カップ　浸水せず
生のクルミ　1/4カップ　浸水せず
生のミックスベリー　1/2カップ
（ブルーベリーかブラックベリーまたはラズベリー）　＊オプション

|作り方|
① イチジクが乾いている場合は、10分ほど浸水し水を切る。
  茎の部分を果物ナイフで切り取る。
② アーモンドとクルミをフードプロセッサーに入れ、粗くみじん切りにする。
  ①を加え、材料がくっつくまで粉砕する。
③ 平皿に移し、ゴムベラで直径13センチの円形にまとめる。
④ お好みでミックスベリーをケーキと平皿の上に飾る。ラップで覆う。

スペイン風イチジクのケーキは冷蔵庫で3日間、冷凍庫で2週間持ちます。
室温に戻していただきましょう。

|アレンジ例|

- **スペイン風デーツケーキ**：イチジクのかわりに、デーツを同量使う。
  デーツは種を取り浸水しない。

Not Peanut Butter Cookies

ローピーナッツバターのクッキー
［8個、4人分］

ローの
ピーナッツバターは
アーモンドか
カシューナッツを
使って作ります。

| 材料 |

生のアーモンドバター、またはカシューバター　1/2カップ【→p047】
純正メープルシロップ、アガベシロップ、または生ハチミツ　1/4カップ
バニラエクストラクト　小さじ1/2
塩　少々
アーモンドパウダー　1/2カップ【→p047】

| 調理器具 |

計量カップ
計量スプーン
フードプロセッサー
ゴムベラ
ボウル（小）

| 作り方 |

① アーモンドバター、メープルシロップ、バニラ、塩を
　 フードプロセッサーに入れ、なめらかになるまで粉砕する。
② 小さめのボウルに移し、30分ほど冷凍する。
③ 直径2.5センチのボール状に丸めて、すこし平らにする。
　 クッキーをアーモンドパウダーの中で転がす。
④ たべる前に最低2時間冷凍する。密閉容器に入れ冷凍庫で保存する。

ピーナッツバター風味のクッキーは最長で1ヶ月持ちます。

ケーキ、クッキー、バー | Cakes, Cookies, and Bars

チョコレート好きな人も
満足する
リッチなデザートです。

Flourless Chocolate Cake

チョコレートケーキ
［直径13センチのケーキ、4人分］

| 調理器具 |
| 計量カップ
| 計量スプーン
| フードプロセッサー
| ゴムベラ
| ボウル（小）
| 平皿

| 材料 |
生のクルミ　1と1/2カップ　浸水せず
塩　少々
種を取ったマジョールデーツ　8個　浸水せず
甘味料を含まないココアパウダーまたはキャロブパウダー　1/3カップ
バニラエクストラクト　小さじ1/2　＊オプション
水　小さじ2
生のラズベリー　1/2カップ、飾り付け用　＊オプション

| 作り方 |
① クルミと塩をフードプロセッサーに入れ、細かい粉状になるまで粉砕。
② デーツ、ココアパウダー、お好みでバニラエクストラクトを加え、
　材料がくっつき始めるまで粉砕する。
③ 水を加えて少しだけ粉砕する。
④ 平皿に移し、ゴムベラで直径13センチの円形にまとめる。
　お好みでラズベリーをケーキとお皿の上に盛り付ける。

チョコレートケーキはラップして保存します。
冷蔵庫で3日間、冷凍庫で2週間持ちます。
室温に戻していただきましょう。

Flourless Chocolate Cake

|アレンジ例|

- チョコレートケーキのラズベリーソースがけ：ケーキ1人分に対し、ラズベリーソース小さじ1【→p186】をかける。
- 黒い森のケーキ：ケーキの上に、生か冷凍のサクランボを3／4カップ乗せる。（冷凍の場合は解凍して水を切る。）バニラクリームソース【→p187】小さじ2を細い線のようにかける。
- チョコレートレイヤーケーキ：2倍量の材料で直径13センチのチョコレートケーキを2個作る。一方のケーキの上にラズベリーソース1／4カップ【→p186】を塗り、その上にもう一方のケーキを乗せ、その上にチョコレートバタークリーム・フロスティング1／2カップ【→p180／アレンジ例】を塗る。最低1時間冷やしてからたべる。6人〜8人向け。

ケーキ、クッキー、バー | Cakes, Cookies, and Bars

Almond Cookies

アーモンドクッキー
[12個、4人分]

おいしいので
ボウルの中の
クッキーの生地を
成型する前についつい
たべてしまうかも
しれません。

| 調理器具 |
計量カップ
計量スプーン
フードプロセッサー
ボウル(小)
ゴムベラ
平皿

| 材料 |
生のアーモンド　1/2カップ　浸水せず
生のクルミ　1/4カップ　浸水せず
塩　少々
種を取ったマジョールデーツ　1/2カップ　浸水せず
アーモンドエクストラクト　小さじ1/4
レーズン、またはドライチェリー　1/4カップ　浸水せず　＊オプション
アーモンドパウダー　1/4カップ【→p047】

| 作り方 |
① アーモンド、クルミ、塩をフードプロセッサーに入れて粗く粉砕する。
② デーツとアーモンドエクストラクトを加え、材料がくっつき始めるまで粉砕する。アーモンドとクルミの粒が残るように、粉砕しすぎないこと。
③ お好みでレーズンを加え、パルスボタンを使って、刻まずに生地に混ぜ込む。生地を小さめのボウルに移す。
④ 大さじ1ほどの生地を手に取り、固く握って1つにまとめる。手で転がして直径2.5センチぐらいのボール状にし、さらにそれを少し平らにしてクッキー状にする。この手順で残りの材料もクッキー状にまとめる。
⑤ アーモンドパウダーの中でクッキーを転がして、皿に盛り付ける。最低1時間は冷蔵庫で冷やしてからいただきましょう。密閉容器に入れて保存します。

アーモンドクッキーは冷蔵庫で1ヶ月、冷凍庫で3ヶ月持ちます。

Dessert | デザート

Almond Cookies

|アレンジ例|

- **チョコレートチップクッキー**：レーズンのかわりにチョコレートチップか
  キャロブのチップを加え、さらにお好みでオレンジゼスト小さじ1を加える。
  100％ローのクッキーではないですが、
  従来のクッキーよりは断然健康的です。
- **スクールボーイのクッキー**：レーズンを省き、四角い小さな
  ダークチョコレートをクッキーに埋め込む。
- **レモンクッキー**：アーモンドエクストラクトのかわりに
  同量のレモンエクストラクトとレモンゼスト小さじ1を加える。

ローフードシェフの
エリーナ・ラブに
感謝します。彼女の
チェリーブラウニーの
レシピをアレンジして
作りました。

Brownies

ブラウニー
［8個、4人分］

| 調理器具

計量カップ
計量スプーン
フードプロセッサー
ゴムベラ
ボウル(小)
小さめの四角い容器
(タッパーなど)

| 材料

生のクルミ　1と1/2カップ　浸水せず
塩　少々
種を取ったデーツ　8個　浸水せず
甘味料が加えられていないココアパウダー
またはキャロブパウダー　1/3カップ
バニラエクストラクト
またはチェリーエクストラクト　小さじ1/2　＊オプション
水　小さじ2(しっとりしたブラウニーを作るとき)　＊オプション
刻んだドライチェリー　1/4カップ　＊オプション

| 作り方

① 1/4カップのクルミを刻み、取り分けておく。
② 残りのクルミと塩をフードプロセッサーに入れ、
　 細かい粉状になるまで粉砕する。
③ ②にデーツを加え、材料がくっつくまで粉砕する。
④ ③にココアパウダーとお好みでバニラエクストラクトを加え、
　 くまなく全体に行き渡らせる。
⑤ お好みで水を加え、少しだけ粉砕する。
⑥ ⑤をボウルに移し、取り分けておいたクルミとお好みで
　 ドライチェリーを加え、手でよく混ぜる。四角い容器にしっかりと入れる。
ブラウニーは密閉容器に入れて冷蔵庫で最長1週間、
冷凍庫で最長1ヶ月持ちます。

| アレンジ例

- **チョコレートチップブラウニー**：ドライチェリーのかわりに同量の
　チョコレートチップを加える。100%ローのレシピではありませんが、
　従来のブラウニーよりは断然健康的です。

Dessert | デザート

Dessert ▶▶

Crisps, Pies, and Tarts

コブラー、タルト

　ローのタルト生地は、ナッツ、ココナッツ、塩、デーツで作ります。ナッツとココナッツと塩でバターのような食感を作り、デーツで生地をひとつにまとめます。コブラーはクランブルトッピング【→p164】を使います。クランブルトッピングはナッツパウダー、デーツ、レーズン、スパイスから作ります。フィリングには生の果物、ドライフルーツ、アボカドを使います。（アガベシロップやライムジュース、ココアを加えれば、アボカドが入っているとは誰も気がつきません。）タルトを作るには、底の抜けるタルト型を使います。フィリングを詰め底を押し上げると、型から生地を抜くことができます。

　ローのタルト生地は麺棒で伸ばせないので、手で押し固めて成型します。ぼろぼろとした生地をタルト型に入れ、手のひらと指で、タルト型の底とふちに均一に行き渡らせます。ふちの周り2センチぐらいの幅で側面にも生地が行き渡るようにします。生地が行き渡ったら、手のひらと指で底に向けて生地を押し下げていきます。特に底とふちが重なる部分をしっかり押し込みます。その後で、ふちの周りの生地を側面へ押し込んでいきます。ふちと生地が並行になるようにします。

　この節のレシピは、標準サイズのコブラーとタルトむきなので、1台約8人分です。けれど、1人ずつの小さなコブラーやタルトを作ることもできます。レシピの材料を半分にして、コブラーはココット皿や小さいボウルを、タルトは直径13センチのタルト型を使います。あまった生地は冷凍して次回使いましょう。あまったフィリングは朝食やおやつとして、そのままたべましょう。

Crumble Topping

クランブルトッピング
［2カップ、8人分］

このトッピングは焼きたてのような香ばしい味です。コブラーとして使ってもリンゴのクランブルケーキ【→p155】の生地に使っても、そのままたべてもおいしいです。

|調理器具|
計量カップ
計量スプーン
フードプロセッサー
ゴムベラ

|材料|
生のクルミ、またはピーカンナッツ　2カップ　浸水せず
砂糖不使用の細切りココナッツ　1／2カップ
シナモン　小さじ1／4
ナツメグ　小さじ1／4
塩　小さじ1／4
レーズン　1／2カップ　浸水せず
種を取ったマジョールデーツ　8個　浸水せず
ケーンシュガー、またはメープルシュガー　1／4カップ（より甘いトッピングにしたいとき）　＊オプション

|作り方|

① クルミ、細切りココナッツ、シナモン、ナツメグ、塩をフードプロセッサーに入れ、粗く粉砕する。
② レーズンとデーツを加え、クランブルのようになり、全体がくっついてくるまで粉砕する。粉砕しすぎないようにする。
③ お好みでケーンシュガーを加え、軽く粉砕する。密閉容器に保存する。

クランブルトッピングは冷蔵庫で1ヶ月、冷凍庫で3ヶ月持ちます。

Coconut Crust

ココナッツの生地

［3カップ、直径23センチのタルト生地］

キーライムタルト【→p170】やトロピカルフルーツタルト【→p176】にぴったりの生地です。

| 材料 |

砂糖不使用の細切りココナッツ　1と1／2カップ
生のマカデミアナッツかクルミ　1と1／2カップ　浸水せず
塩　小さじ1／2
種をとったマジョールデーツ　1／2カップ　浸水せず

| 調理器具 |

計量カップ
計量スプーン
フードプロセッサー
ゴムベラ

| 作り方 |

① ココナッツ、マカデミアナッツ、塩をフードプロセッサーに入れて粗く粉砕する。
② デーツを加え、材料がクランブル状になり、くっつきはじめるまで粉砕する。粉砕しすぎないこと。密閉容器に保存する。

ココナッツの生地は冷蔵庫で1ヶ月、冷凍庫で3ヶ月持ちます。

Fig Crust

イチジクの生地

［3カップ、直径23センチのタルト生地］

| 材料 |

干しイチジク（ブラックミッション）　1と1／3カップ
生のピーカンナッツ　2カップ　浸水せず

| 調理器具 |

計量カップ
まな板
果物ナイフ
フードプロセッサー
ゴムベラ

| 作り方 |

① 干しイチジクが乾燥している場合は、10分ほど浸水して水切りする。茎の部分を果物ナイフで切り取る。
② イチジクとピーカンナッツをフードプロセッサーに入れ、材料がくっつくまで粉砕する。密閉容器に保存する。

イチジクの生地は冷蔵庫で2週間、冷凍庫で1ヶ月で持ちます。

コブラー、タルト | Crisps, Pies, and Tarts

繊細な味なので
どんなフィリングにも
合います。

Almond Crust

アーモンドの生地

［3カップ、直径23センチのタルト生地］

調理器具
計量カップ
計量スプーン
フードプロセッサー
ゴムベラ

材料
アーモンドパウダー　2と1/4カップ【→p047】
種を取ったマジョールデーツ　3/4カップ　浸水せず
塩　小さじ1/4

作り方

① すべての材料をフードプロセッサーに入れ、クランブル状になり、くっつきはじめるまで粉砕する。粉砕しすぎないこと。密閉容器に保存する。

アーモンドの生地は冷蔵庫で1ヶ月、冷凍庫で3ヶ月持ちます。

Walnut Crust

クルミの生地

［3カップ、直径23センチのタルト生地］

調理器具
計量カップ
計量スプーン
フードプロセッサー
ゴムベラ

材料
生のクルミ　2カップ　浸水せず
砂糖不使用の細切りココナッツ　1カップ
塩　小さじ1/4
種を取ったデーツ　1/2カップ　浸水せず

作り方

① クルミ、ココナッツ、塩をフードプロセッサーに入れ、粗く粉砕する。

② デーツを加え、材料がクランブル状になり、くっつきはじめるまで粉砕する。粉砕しすぎないこと。密閉容器に入れて保存する。

クルミの生地は冷蔵庫で1ヶ月、冷凍庫で3ヶ月持ちます。

Apple Crisp

アップルコブラー
［20センチ四方のコブラー、8人分］

そのままでも
バニラクリームソース
【→p187】や
バニラアイスクリーム
【→p191】を添えても
おいしいです。

|材料|

リンゴ　2個　皮をむき薄切り
レモン汁　大さじ3
リンゴ　2個　皮をむきざく切り
種をとったマジョールデーツ　1/2カップ　浸水する
レーズン　1/2カップ　浸水する
シナモン　小さじ1/4
クランブルトッピング　2カップ【→p164】

|作り方|

① 薄切りにしたリンゴを大さじ2のレモン汁でトスし、取り分けておく。
② 刻んだリンゴ、デーツ、レーズン、シナモン、残りのレモン汁（大さじ1）を
   フードプロセッサーに入れ、なめらかになるまで粉砕する。
③ ②を①に入れ、混ぜる。
④ コブラーを作る。1/2カップのクランブルトッピングを
   20センチ四方のガラス製容器の底に押し敷く。
⑤ ゴムベラを使って③を④の上に乗せる。
⑥ 手を使って、残りの1と1/2カップのクランブルトッピングをこねて、
   まとめていく。
⑦ 敷き詰めるように、これらのトッピングをフィリングの上に並べていく。
   トッピングの間からところどころフィリングがのぞくようにする。室温か、
   低温のオーブンまたはディハイドレイターで温めていただきましょう。

アップルコブラーはラップをして冷蔵庫で保存しましょう。3日間持ちます。
注：温めるには、オーブンを90度ぐらいに余熱して、余熱を切ってから
アップルコブラーを入れ、15分温めます。
または40度のディハイドレイターに30分入れて温めます。

|調理器具|

まな板
ピーラー
包丁
果物ナイフ
レモンしぼり器
計量カップ
計量スプーン
フードプロセッサー
ゴムベラ
ボウル（小）
20センチ四方の
ガラス製容器

コブラー、タルト | Crisps, Pies, and Tarts

Blackberry Crisp

ブラックベリーコブラー
［20センチ四方のコブラー、8人分］

|調理器具|
まな板
ピーラー
包丁
果物ナイフ
レモンしぼり器
計量カップ
計量スプーン
フードプロセッサー
ゴムベラ
ボウル(小)
20センチ四方の
ガラス製容器

|材料|
生または冷凍のブラックベリー　4カップ（冷凍の場合、解凍し水を切る）
種を取ったマジョールデーツ　3／4カップ　浸水する
レモン汁　大さじ1
クランブルトッピング　2カップ【→p164】

|作り方|

① 1と1／2カップのブラックベリーとデーツとレモン汁を
　　フードプロセッサーに入れ、なめらかになるまで粉砕する。

② フードプロセッサーからボウルへ移し、残りのブラックベリーと混ぜる。

③ コブラーを作る。1／2カップのクランブルトッピングを
　　20センチ四方のガラス製容器の底に押し敷く。

④ ゴムベラを使って②を③の上に乗せる。

⑤ 手を使って、残りの1と1／2カップのクランブルトッピングをこねて、
　　くっつくまでまとめていく。

⑥ 敷き詰めるように、これらのトッピングをフィリングの上に並べていく。
　　トッピングの間からところどころフィリングがのぞくようにする。
　　室温か、低温のオーブンまたはディハイドレイターで
　　温めていただきましょう。

ブラックベリーコブラーはラップをして冷蔵庫で保存しましょう。
3日間持ちます。

Blackberry Crisp

|アレンジ例|

- **ピーチコブラー**：ブラックベリーのかわりに同量の刻んだ桃を使う。冷凍された桃を使う場合には、解凍して水気をよく切ってから刻む。フィリングの材料にお好みで小さじ1/8のナツメグを加える。
- **ブルーベリーコブラー（チェリーコブラー）**：ブラックベリーのかわりに同量の生か冷凍のブルーベリー、もしくはサクランボを使う。（冷凍の場合は解凍し水を切る。）

注：温めるには、オーブンを90度ぐらいに余熱して、余熱を切ってからコブラーを入れ、15分温めます。
または40度のディハイドレイターに30分入れて温めます。

緑色のフィリングと果物がきれいです。

Key Lime Tart

キーライムタルト
［直径23センチのタルト、8人分］

| 調理器具 |

計量カップ
底の抜けるタルト型、23センチ
まな板
果物ナイフ
ゴムベラ

| 材料 |

ココナッツの生地　3カップ【→p165】
キーライムムース　2カップ【→p179】
キウイ　3個　皮をむく
生のラズベリー　2カップ
生のブルーベリー　1カップ

| 作り方 |

① 生地をタルト型にすくい入れる。手のひらと指を使って軽く円状に押し広げていき、底とふちに行き渡らせる。ふちの周りには2センチぐらいの幅で生地を行き渡らせる。

② 生地が均一に行き渡ったら、手のひらと指を使って生地を底に押し下げていく。特にふちと底のつなぎ目にしっかりと生地を押し込んでおく。その次にふちに向かって生地を押し当てていく。ふちと並行に生地を平らにする。

③ ②を冷凍庫に15分入れて冷やす。

④ ③を冷凍庫から取り出し、底にキーライムムースを広げる。

⑤ キウイを縦半分に切り、半月の形に薄切りにする。タルトの側面に半月をもたせかけるように円状に並べる。

⑥ ラズベリーをキウイの内側に円状に並べ、2つかそれ以上の輪を作る。ブルーベリーをタルトの中央に並べる。最低1時間は冷やしましょう。冷たくして、または室温でいただきましょう。

ラップをして冷蔵庫で保存します。キーライムタルトは3日間持ちます。

Key Lime Tart

|アレンジ例|

- **レモンタルト**：キーライムムースのかわりにレモンムース【→p179／アレンジ例】を使う。
- **キーライムシャーベットタルト**：キーライムムース【→p179】を
タルト生地の上に広げたら、最低2時間、タルトを冷凍庫に入れる。
たべる前に10分ほど室温で解凍する。タルト全体を出すときは、
切り分ける前に生の果物をトッピングする。
タルト1切れをサーブするときは、切り分けてから生の果物を
トッピングし、残りのタルトはラップして再び冷凍する。
キーライムシャーベットタルトは最大で2週間持ちます。

デーツ、レーズン、シナモンが加わって、甘みと深みのある味になります。

Apple Pie or Tart

リンゴのタルト
[直径23センチのパイ、8人分]

|調理器具|

計量カップ
計量スプーン
底面の抜けるタルト型、23センチ
まな板
ピーラー
果物ナイフ
レモンしぼり器
フードプロセッサー
ゴムベラ

|材料|

アーモンドの生地【→p166】 3カップ
（イチジクの生地【→p165】または、クルミの生地【→p166】でも可）

リンゴ 2個 皮をむき薄切り

レモン汁 大さじ3

リンゴ 2個 皮をむきざく切り

種を取ったマジョールデーツ 1/2カップ 浸水する

レーズン 1/2カップ 浸水する

シナモン 小さじ1/4

|作り方|

① 生地をタルト型にすくい入れる。手のひらと指を使って軽く円状に押し広げていき、底とふちに行き渡らせる。ふちの周りには2センチぐらいの幅で生地を行き渡らせる。

② 生地が均一に行き渡ったら、手のひらと指を使って生地を底に押し下げていく。特にふちと底のつなぎ目にしっかりと生地を押し込んでおく。その次にふちに向かって生地を押し当てていく。ふちと並行に生地を平らにする。

③ ②を冷凍庫に15分入れて冷やす。

④ リンゴの薄切りと大さじ2のレモン汁をトスし取り分けておく。

⑤ 刻んだリンゴ、デーツ、レーズン、シナモン、残りの大さじ1のレモン汁をフードプロセッサーに入れ、なめらかになるまで粉砕する。フードプロセッサーから取り出し、リンゴの薄切りと混ぜる。

⑥ ③を冷凍庫から取り出し、⑤を注ぎゴムベラで押し下げる。室温もしくは低温のオーブンまたはディハイドレイターで温めていただきましょう。

ラップをして冷蔵庫で保存します。リンゴのタルトは3日間持ちます。

Apple Pie or Tart

|アレンジ例|

- **アップルクリームタルト**：3／4カップのバニラクリームソース【→p187】を
生地に注ぎ入れ、ゴムベラでならす。リンゴのフィリングを加え
ゴムベラで押し下げる。バニラクリームソースはところどころで
リンゴのフィリングと混ざり、上面に出る。
フィリングを平らにし、生地のふちとぴったり重なるようにする。

注：温めるには、オーブンを90度ぐらいに余熱して、余熱を切ってから
リンゴのタルトを入れて15分温めます。
または40度のディハイドレイターに30分入れて温めます。

Blueberry Pie or Tart

ブルーベリーのタルト
［直径23センチのパイ、8人分］

|調理器具|

計量カップ
計量スプーン
底の抜けるタルト型、23センチ
レモンしぼり器
ミキサー
ゴムベラ

|材料|

アーモンドの生地【→p166】またはクルミの生地【→p166】　3カップ
生または冷凍のブルーベリー　4カップ（冷凍であれば、解凍しよく水を切る）
種を取ったマジョールデーツ　3／4カップ　浸水する
レモン汁　大さじ1

|作り方|

① 生地をタルト型にすくい入れる。手のひらと指を使って軽く円状に押し広げていき、底とふちに行き渡らせる。ふちの周りには2センチぐらいの幅で生地を行き渡らせる。

② 生地が均一に行き渡ったら、手のひらと指を使って生地を底に押し下げていく。特にふちと底のつなぎ目にしっかりと生地を押し込んでおく。その次にふちに向かって生地を押し当てていく。ふちと並行に生地を平らにする。

③ ②を冷凍庫に15分入れて冷やす。

④ 1と1／2カップのブルーベリー、デーツ、レモン汁をミキサーに入れ、なめらかになるまで攪拌する。

⑤ ボウルに移し、残りのブルーベリーとよく混ぜる。

⑥ ③を冷凍庫から取り出し、⑤を注ぎゴムベラで押し下げる。室温でもおいしいですが、低温のオーブンまたはディハイドレイターで温めてもおいしいです。

ラップをして冷蔵庫で保存します。ブルーベリーのタルトは3日間持ちます。

Blueberry Pie or Tart

|アレンジ例|

- **ピーチタルト**：ブルーベリーのかわりに、ざく切りの桃を同量を使う。
  冷凍の場合は解凍し、よく水を切ってからざく切りにする。
  お好みで小さじ1／8のナツメグをフィリングに加える。
- **ブラックベリーのタルト、またはチェリータルト**：ブルーベリーのかわりに、
  同量の生か冷凍のブラックベリー、または種をとったサクランボを使う。
  （冷凍の場合は解凍し水切りする。）

注：温めるには、オーブンを90度ぐらいに余熱して、余熱を切ってから
ブルーベリーのタルトを入れて15分温めます。
または40度のディハイドレイターに30分入れて温めます。

この軽くて
フルーティーなタルトは
アジア料理や
ラテンアメリカ料理の
デザートに
ぴったりです。

Tropical Fruit Tart

トロピカルフルーツタルト
[直径23センチのタルト、8人分]

|調理器具|

計量カップ

計量スプーン

底の抜けるタルト型、
23センチ

ゴムベラ

ボウル(中)

|材料|

ココナッツの生地　3カップ【→p165】

マンゴープディングまたはパイナップルプディング　2カップ【→p184】

生のラズベリー　2カップ

生のブラックベリー　1カップ

生のブルーベリー　1カップ

|作り方|

① 生地をタルト型にすくい入れる。手のひらと指を使って軽く円状に
押し広げていき、底とふちに行き渡らせる。
ふちの周りには2センチぐらいの幅で生地を行き渡らせる。

② 生地が均一に行き渡ったら、手のひらと指を使って生地を底に
押し下げていく。特にふちと底のつなぎ目にしっかりと生地を
押し込んでおく。その次にふちに向かって生地を押し当てていく。
ふちと並行に生地を平らにする。

③ ②を冷凍庫に15分入れて冷やす。

④ ③を冷凍庫から取り出し、その上にマンゴープディングを広げる。

⑤ ベリー類をボウルに入れやさしくトスし、
タルトの表面を埋め尽くすように飾る。

⑥ 最低1時間冷やす。冷やしたまま、または室温でいただきましょう。

ラップに包み冷蔵庫で保存して、トロピカルフルーツタルトは
3日間持ちます。

Chocolate Tart with Strawberries

イチゴとチョコレートムースのタルト
［直径23センチのタルト、8人分］

なめらかな
チョコレートムースと
甘くてジューシーな
イチゴ。
どんな場面でも
活躍する
上品なデザートです。

| 材料 |

生のイチゴ　450グラム　薄切り
アーモンドの生地【→p166】またはココナッツの生地【→p165】　3カップ
チョコレートムース　2カップ【→p180】

| 調理器具 |

計量カップ
計量スプーン
まな板
果物ナイフ
底の抜けるタルト型、23センチ

| 作り方 |

① 生地をタルト型にすくい入れる。手のひらと指を使って軽く円状に押し広げていき、底とふちに行き渡らせる。ふちの周りには2センチぐらいの幅で生地を行き渡らせる。

② 生地が均一に行き渡ったら、手のひらと指を使って生地を底に押し下げていく。特にふちと底のつなぎ目にしっかりと生地を押し込んでおく。その次にふちに向かって生地を押し当てていく。ふちと並行に生地を平らにする。

③ ②を冷凍庫に15分入れて冷やす。

④ ③を冷凍庫から取り出し、その上にチョコレートムースを広げる。

⑤ 薄切りのイチゴをタルトの表面に飾る。

⑥ 最低1時間冷やす。冷やしたまま、または室温でいただきましょう。

ラップに包み冷蔵庫で保存して、イチゴとチョコレートムースのタルトは3日間持ちます。

| アレンジ例 |

- ラズベリーとチョコレートムースのタルト：薄切りのイチゴのかわりに生のラズベリー2カップを使う。

コブラー、タルト | Crisps, Pies, and Tarts

Dessert ▶▶

Mousses, Puddings, and Sweet Sauces

ムース、プディング、ソース

ムース、プディング、ソースは一番応用が効きます。準備しておけば、短時間でグルメなローデザートが用意できます。

ソースはさまざまなデザートに飾り付けることができます。バニラクリームソース【→p187】をアップルコブラー【→p167】に、ラズベリーソース【→p186】をチョコレートケーキ【→p158】にかけてみてください。

プディングやムースはそのままたべることもできますし、パイやタルトのフィリングにもなります。チョコレートムースが手元にあれば、イチゴとチョコレートムースのタルト【→p177】は10分で作れます。

また、ムースとプディングとソースを果物と組み合わせれば、パフェを作ることもできます。小さなワイングラスを使ってパフェを盛りつけてみましょう。1～2種類のムース、プディング、ソースと薄切りにした果物やベリー類を層にして重ねます。イチゴ、キウイ、バナナ、マンゴー、パイナップル、ブラックベリーなど様々な色の果物を使ってみましょう。ワイングラスがいっぱいになるまで、材料を積み重ねていきましょう。キーライムムース【→p179】とマンゴープディング【→p184】と生のブラックベリーとバナナのスライス。またはチョコレートムース【→p180】とバニラクリームソース【→p187】とラズベリーの組み合わせを試してみてください。

Key Lime Mousse

キーライムムース
［1カップ、2人分］

きれいな色の
キーライムムースは
たった3つの材料
だけで作れます。

| 材料 |

つぶしたアボカド　3/4カップ（アボカド1個と半分）
生ハチミツまたはアガベシロップ　1/4カップ
ライム汁　大さじ2
キウイの薄切りとベリー類
両方またはいずれか一方（飾り付け用）　＊オプション

| 調理器具 |

フォーク
計量カップ
計量スプーン
レモンしぼり器
フードプロセッサー
ゴムベラ

| 作り方 |

① アボカド、生ハチミツ、ライム汁をフードプロセッサーに入れ、なめらかになるまで粉砕する。
　時々止めて、側面についた材料をゴムベラでかきおとす。
② お好みでキウイやベリー類を飾る。

キーライムムースはすぐにいただきましょう。

| アレンジ例 |

- **2倍量のキーライムムース**：つぶしたアボカド1と1/2カップ（アボカド3個）、生ハチミツまたはアガベシロップ1/2カップ、ライム汁1/4カップを使う。2カップ、4人分の分量。
- **レモンムース**：ライム汁のかわりに同量のレモン汁を使う。
- **キーライムシャーベット**：キーライムムースを4時間以上冷凍する。15分解凍してからいただきましょう。密閉容器で冷凍庫に保存すれば、キーライムシャーベットは最長で1ヶ月間持ちます。

ムース、プディング、ソース | Mousses, Puddings, and Sweet Sauces

バターとクリームと
卵のかわりに
アボカドを使います。
けれどムースをたべても
アボカドが
入っているとは
誰も気づかないでしょう。

Chocolate Mousse

チョコレートムース
[1カップ、2人分]

|調理器具|

フォーク
計量カップ
計量スプーン
フードプロセッサー
ゴムベラ

|材料|

種を取ったマジョールデーツ　1/4カップ　浸水する
純正メープルシロップ、またはアガベシロップ　1/4カップ
バニラエクストラクト　小さじ1/2　＊オプション
つぶしたアボカド　3/4カップ（アボカド1個と半分）
砂糖不使用のココアかキャロブパウダー　1/4カップと大さじ2
水　1/4カップ

|作り方|

① デーツ、メープルシロップ、お好みでバニラエクストラクトを
　 フードプロセッサーに入れ、なめらかになるまで粉砕する。

② アボカドとココアパウダーを加え、クリーミーになるまで粉砕する。

③ 時々止めて、側面についたムースをゴムベラでかきおとす。

④ 水を加え、さらに少しだけ粉砕する。密閉容器で保存する。

チョコレートムースは冷蔵庫で3日間、冷凍庫で2週間持ちます。
冷やすか室温でいただきましょう。

Dessert｜デザート

Chocolate Mousse

|アレンジ例|

- **2倍量のチョコレートムース**：種を取ったマジョールデーツ1／2カップを浸水する。純正メープルシロップ1／2カップ、バニラエクストラクト小さじ1、つぶしたアボカド1と1／2カップ（約3個）、ココアパウダーかキャロブパウダー3／4カップ、水1／2カップ。2カップ、4人分の分量。
- **チョコレートバタークリーム・フロスティング**：材料から水を省く。
- **チョコレートソース**：水を1／2カップに増やす。
  2倍量のムースの場合は水を1カップに増やす。
- **チョコレートアイスクリーム**：チョコレートムースを最低4時間冷凍する。たべる前に15分解凍する。密閉容器に入れて保存する。チョコレートアイスクリームは冷凍庫で1ヶ月持ちます。

ムース、プディング、ソース | Mousses, Puddings, and Sweet Sauces

オールドファッションなプディングです。グラハムクラッカーに似せたクランブル、クリーミーなカスタード、バナナの薄切りで作ります。

Banana Pudding

バナナプディング

[2 人分]

| 調理器具 |

計量カップ
計量スプーン
まな板
果物ナイフ
ミキサー
ゴムベラ
小皿

| 材料 |

バニラクリームソース　1／2カップ【→p187】
バナナ　1本　半分に切る
クランブルトッピング　1／4カップ【→p164】

| 作り方 |

① クリーミーバナナカスタードを作る。バニラクリームとバナナの半分をミキサーに入れ、なめらかになるまで撹拌する。

② 残りの半分のバナナを薄切りにする。

③ 大さじ2のクランブルトッピングを小皿に入れ、薄切りにしたバナナの半分量をその上に重ねる。その上に、1／4カップのバナナカスタード、残りのバナナスライス、残りのバナナカスタードを順に重ねる。

④ 大さじ2の残りのクランブルトッピングを上に飾る。

バナナプディングはすぐにいただきましょう。

Lemon Glaze

レモングレーズ
[1／2カップ、4人分]

グレーズとは
デザートにかける
糖衣のことです。
クルミとレーズンの
ケーキにかけると
おいしいです。

| 材料 |

種を取ったマジョールデーツ　1／2カップ　浸水する
レモン汁　大さじ2
水　大さじ2

| 作り方 |

① デーツ、レモン汁、水をフードプロセッサーに入れ、なめらかになるまで粉砕する。時々止めて、側面についた材料をゴムベラでかきおとす。密閉容器に入れ冷蔵庫に保存する。

レモングレーズは5日間持ちます。

| アレンジ例 |

- **2倍量のレモングレーズ**：種を取ったデーツを1カップ浸水する。レモン汁1／4カップ、水1／4カップを使う。1カップ、8人分。
- **オレンジグレーズ**：レモン汁と水のかわりに1／4カップのオレンジジュースを使う。2倍量作る場合は1／2カップ。

| 調理器具 |

計量カップ
計量スプーン
レモンしぼり器
フードプロセッサー
ゴムベラ

ムース、プディング、ソース | Mousses, Puddings, and Sweet Sauces

かんたんな材料ですが
だまされないで
ください。
この無脂肪の
プディングは
こってりとクリーミーな
仕上がりになります。

Mango Pudding

マンゴープディング

[1カップ、2人分]

|調理器具|

計量カップ

キッチンばさみ

ミキサー

ゴムベラ

|材料|

ざく切りにした生のマンゴー　1と1/2カップ（2個分）
　もしくは冷凍したざく切りのマンゴーを解凍し水を切る

ざく切りにしたドライマンゴー　1/2カップ（キッチンばさみで切る）
10分浸水してから水を切る

キウイの薄切り、ブルーベリー
またはブラックベリー　1/4カップ　＊オプション

|作り方|

① 生のマンゴーとドライマンゴーをミキサーに入れ、
　なめらかになるまで高速で撹拌する。

② 小皿に移し、お好みでキウイを飾る。密閉容器に入れ、冷蔵庫で保存する。
マンゴープディングは3日間持ちます。冷やすか室温でいただきましょう。

|アレンジ例|

- **2倍量のマンゴープディング**：生のざく切りのマンゴー3カップ（4個分）と
刻んだドライマンゴー1カップを浸水し使う。2カップ、4人分。
- **パイナップルプディング**：マンゴーとドライマンゴーのかわりに、
生と乾燥のパイナップルを同量ずつ使う。

Dessert ｜デザート

Sweet Orange Cream Sauce

オレンジクリームソース
［1カップ、4人分］

トロピカルフルーツサラダ【→p067】にかければ上品な朝食やブランチになります。

| 材料 |

浸水した生のカシューナッツ　1カップ
しぼりたてのオレンジジュース　1/4カップ
生ハチミツまたはアガベシロップ　大さじ2
水　大さじ2

| 調理器具 |

レモンしぼり器
計量カップ
計量スプーン
ミキサー
ゴムベラ

| 作り方 |

① すべての材料をミキサーに入れ、なめらかになるまで高速で撹拌する。最低30分冷やす。密閉容器に入れて冷蔵庫で保存する。

オレンジクリームソースは3日間持ちます。

| アレンジ例 |

- レモンクリームソース：オレンジジュースのかわりにレモン汁大さじ2を使い、水の量を1/4カップに増やす。

このソースは
チョコレートケーキ
【→p158】と
とても相性が良いです。

Raspberry Sauce

ラズベリーソース
［1カップ分］

|調理器具|

計量カップ
ミキサー
ゴムベラ

|材料|

生か冷凍のラズベリー　1カップ（冷凍の場合、解凍し水を切る）
種を取ったマジョールデーツ　1/4カップ　浸水する

|作り方|

① すべての材料をミキサーに入れ、なめらかになるまで粉砕する。
　 密閉容器に入れ冷蔵庫で保存する。

ラズベリーソースは3日間持ちます。

|アレンジ例|

- **フルーツソース**：ラズベリーのかわりに、冷凍か生の同量の果物1カップを使う。ブラックベリー、ブルーベリー、さくらんぼ、パイナップル、イチゴなどが使えます。（冷凍の場合は解凍し水を切る。）

Vanilla Crème Sauce

バニラクリームソース
[1カップ、8人分]

生クリームのかわりにこのソースをケーキ、コブラー、パイ、タルトなどに添えるとおいしいです。
生のベリー類も一緒に添えてみましょう。

|材料|

浸水した生のカシューナッツ　1カップ
水　1/4カップと大さじ2
純正メープルシロップまたはアガベシロップ　大さじ2
バニラエクストラクト　小さじ1、またはバニラビーンズの種子　1本分

|調理器具|

計量カップ
計量スプーン
ミキサー
ゴムベラ

|作り方|

① すべての材料をミキサーに入れ、なめらかになるまで高速で撹拌する。サーブする前に最低30分冷やす。密閉容器に入れ冷蔵庫で保存する。

バニラクリームソースは5日間持ちます。

Dessert ▶▶

Shakes and Ice Creams

シェイク、アイスクリーム

ミルクシェイクやアイスクリームが好きなら、バナナシェイク【→p190】を作って飲んでみてください。乳製品から作る重たいシェイクやアイスクリームとは違って、ローのシェイクを飲んだりアイスクリームをたべると元気になりますよ。

Mango Sorbet

マンゴーシャーベット
［1人分］

|材料|
冷凍のざく切りにしたマンゴー　1カップ（1.5個分）

|作り方|
① 5分ほど冷凍マンゴーを解凍する。
② マンゴーをフードプロセッサーに入れ、なめらかになるまで粉砕する。時々止めて、側面についた材料をかきおとす。

マンゴーシャーベットはすぐにいただきましょう。

|アレンジ例|
- **サクランボのシャーベット**：マンゴーのかわりに種をとった冷凍のサクランボ1カップを使う。サクランボをフードプロセッサーに入れ、なめらかになるまで粉砕する。

|調理器具|
計量カップ
フードプロセッサー
ゴムベラ

シェイク、アイスクリーム | Shakes and Ice Creams

ミルクシェイクを飲みたくなったときこのローのレシピで満足できます。

Banana Shake
バナナシェイク
[1人分]

調理器具
計量カップ
計量スプーン
ミキサー
ゴムベラ

材料
冷凍バナナ　1本【→p048】
アーモンドミルク　1/2カップ【→p046】
純正メープルシロップまたはアガベシロップ　小さじ1と1/2
バニラエクストラクト　小さじ1/2

作り方
① バナナを5分ほど解凍する。
② バナナを2〜3個にちぎり、他の材料も合わせてミキサーに入れる。なめらかでクリーミーになるまで撹拌する。

バナナシェイクはすぐにいただきましょう。

アレンジ例

- **チョコレートシェイク**：小さじ2のココアパウダーかキャロブパウダーを材料に加える。メープルシロップの量を小さじ2に増やす。
- **ストロベリーシェイク**：バニラエクストラクトを省き、1カップの生か冷凍のイチゴを加える(約6個分)。冷凍のイチゴの場合は、解凍や水切りをせずそのまま使う。

Dessert ｜ デザート

Vanilla Ice Cream

バニラアイスクリーム
［1と1／2カップ、2人分］

このかんたんなアイスクリームはとてもリッチでクリーミーです。乳製品を使用していないとは信じられないでしょう。アイスクリームメーカーを買う価値のあるレシピです！

| 材料 |

アーモンドクリーム　1と1／2カップ【→p046／アレンジ例】
純正メープルシロップまたはアガベシロップ　大さじ2
バニラエクストラクト　小さじ1／2
またはバニラビーンズの種子　1本分

| 作り方 |

① すべての材料をボウルに入れ、泡立て器でかき混ぜる。
② ①をアイスクリームメーカーの説明書の指示に従って凍らせる。
バニラアイスクリームはすぐにいただきましょう。

| 調理器具 |

計量カップ
計量スプーン
ボウル(中)
泡立て器
アイスクリームメーカー

シェイク、アイスクリーム | Shakes and Ice Creams

Chapter 9

Index

用語解説

ローフードBASICS

A

agave nectar
アガベシロップ
アガベという植物のジュースから作られる天然甘味料。アガベシロップの90%は果糖で、ハチミツやメープルシロップ、ケーンシュガーよりもGI値が低い。ライトアガベシロップは柔らかい甘み、ダークアガベシロップは深いハチミツのような甘み。両方ともNature's First Lawにて購入可能。

aloe vera juice
アロエベラジュース
アロエベラという植物の葉から取れるジュース。何世紀にもわたって、傷の痛みを和らげ癒す用途で使われてきた。葉全体を材料とした、保存料未使用のジュースを購入しましょう。Lily of the Dessert Whole Leaf Aloe Vera Juice がおすすめです。

almond butter
アーモンドバター
生のアーモンドから作るバター。ピーナッツバターはローストしたピーナッツから作られるので、その代用として使われる。

apple cider vinegar, raw
非加熱のリンゴ酢
リンゴから作られるフルーティーな酢。殺菌処理されていない生のビネガーがおすすめです。身体に有益な細菌と酵素を含む。

antioxidants
抗酸化物質
ビタミンAやビタミンCなどの野菜や果物に含まれる栄養分。有害なフリーラジカル分子を無効化する。フリーラジカルはガン、糖尿病などの病気の原因となる。

arugula
ルッコラ
わずかにピリッとした苦みが感じられるサラダ用の葉野菜。

automatic sprouter
スプラウト育成キット
スプラウトやウィートグラスを育てる器具。毎日すすぎと水切りをする必要がない。Tribest Fresh Life Automatic Sprouter がおすすめです。

B

balsamic vinegar
バルサミコ酢
ブドウから作られる深い甘みと酸味を持つイタリアの酢。本物のバルサミコ酢（Aceto Balsamic Tradizionale）は木製の樽の中で10年以上熟成される。最も品質が良く高額なものは25〜50年熟成される。

bamboo sushi mat
竹製の巻きす
編み上げられた巻きすは、海苔巻きをきっちりとプロの仕上がりに巻き上げるのに欠かせません。

beta-carotene
ベータカロチン
緑、赤、オレンジ色の野菜に含まれる栄養素。体内でビタミンAに変換される。

black Mission figs
ブラックミッション（イチジク）
深く複雑な味わいの黒紫色の干しイチジク。

blender
ミキサー
果物や野菜をすりつぶして液体にする電気器具。ガラス製のコンテナのOster Classic Beehive、キッチンエイドのKSB560がおすすめです。旅行時や1人分のスムージーを作るにはTrivest Personal Blender がおすすめです。Vita-MixやK-tecなどの強力な高速ブレンダーが欲しくなるかもしれません。

blue-green algae
ブルーグリーンアルジー
タンパク質、クロロフィル、ベータカロチン、微量ミ

ネラル群を含む優れた食材。クラマスレイクアルジー、スピルリナ、クロレラの3種類が有名。E-3 Live Klamath Lake Algae がおすすめです。

Bragg Liquid Aminos
ブラッグリキッドアミノ
大豆と蒸留水で作られた調味料。醤油やたまり醤油よりも薄味。

Brazil nuts
ブラジルナッツ
リッチでクリーミーな食感。セレンを多く含む。

C

Calimyrna figs
カリミルナ種イチジク
金色のイチジクでハチミツのような甘み。

capers
ケッパー
ソースや調味料として使われる花のつぼみのピクルス。

carob powder
キャロブパウダー
キャロブの鞘と種から作られた濃い茶色の粉。ココアパウダーと似た味わいだが、カフェインを含まず自然な甘みがある。非加熱のものと加熱のものがある。

chef's knife
シェフナイフ
鋭く幅のある刃の18〜25センチのナイフ。薄切り、ざく切り、みじん切り用に使います。ほとんどの作業に対応できる、20センチのシェフナイフをおすすめします。ヨーロッパのものでも、三徳包丁でも構いません。好みの包丁を選びましょう。私のお気に入りのブランドは、Henckels、Wusthof、Mac、Global、Cutco、Kershaw Shun です。京セラのセラミックナイフは食材の繊細な色や味を変えずに切ることができるので、果物やレタスを切るのに適しています。

citrus juicer/reamer
レモンしぼり器
コーン型の突起で半分に切った柑橘類の果肉を潰し、果汁をしぼり出します。果汁を受け止める皿の部分がついているものと、手で持つものがあります。OXO Good Grips Citrus Juicerのように、コーン型の突起を取り替えてライム、オレンジ、グレープフルーツなど様々な果物に対応できるものをおすすめします。大量にしぼるときには電動式のものが便利です。

cocoa powder, unsweetened
ココアパウダー（砂糖不使用）
生のもの（ローカカオパウダー）と加熱のもの（ココアパウダー）がある。カカオバターを抜いたカカオ豆を乾燥し粉にする。RapunzelやGreen and Black'sのような、自然に処理されたオーガニックのブランドの製品を選びましょう。ローカカオパウダーは Nature's First Law にて購入可能です。

coconut oil
ココナッツオイル
中鎖脂肪酸で構成される天然の油。新陳代謝を促し、体重減少に効果があると考えられている。Natural Zingのオーガニック・ロー・ヴァージンココナッツオイルがおすすめです。

cremini mushroom
クレミニ・マッシュルーム
小さいマッシュルーム。一般のホワイトボタン・マッシュルームよりも味がある。

cutting board
まな板
野菜や果物を切るための板。木製か竹製が良いです。John BoosとTotally Bamboo boardsがおすすめです。

D

dyhydrator
ディハイドレーター
屋内で食材を乾燥させるための電気器具。ドラ

イフルーツ、乾燥野菜、味付けをしたナッツや種子、フルーツレザー、ローのパン、クラッカー、クッキー、バーを作ることができる。5段か9段のExcaliburとTeflexのシートがおすすめです。（フルーツレザーやクラッカー生地など湿った材料を乾かすときにシートは必須です。）

dice
角切り
食材を一辺約6ミリの立方形に切る。

distilled water
蒸留水
水を沸騰させた後に液化し浄化したもの。蒸留することで、バクテリア、ウイルス、重金属やその他の汚染物質を取り除くことができるが、健康に良い無機塩も取り除いてしまう。最近の蒸留器のほとんどがカーボンフィルターを内蔵しているので、塩素や殺虫剤などの化学物質を取り除くことができる。Tribest Purewise Distillerがおすすめです。

dulse flake
ダルス
フレーク状に細かくした赤紫色の海草。塩味の調味料として使う。鉄分と微量ミネラル群を多く含む。

dired shiitake mushrooms
干ししいたけ
土っぽい香りのきのこ。30分ほど水に浸けてもどす。

E

enzymes
酵素
タンパク質の触媒となり、エネルギーを作り出し、細胞や体内のシステムに送る。ローフードに含まれる酵素の多くは細胞により身体に吸収され、利用され、体内に保持している酵素を補充する。

essential fatty acids, EFAs
必須脂肪酸
成長、エネルギー、精神状態、健康的な肌と髪を作り出すのに重要な栄養素。身体は作り出すことができないので、食物から摂取する必要がある。魚の油や種子の油（フラックスシード、カボチャの種など）から取ることができる。精製された油、加熱された油、水素化した油、飽和脂肪には、必須脂肪酸が含まれない。

Evert-Fresh Green Bags
イバートフレッシュ・グリーンバック
この製品は野菜を悪化させる空気を吸収します。普通のポリ袋で保存するよりも3倍長持ちします。

extra-virgin olive oil
エクストラバージンオリーブオイル
フルーティーでおいしい油です。樹木に熟したオリーブを圧搾し、低温で化学薬品を使用せずに、機械で果肉を押し出すことで、油を抽出します。エクストラバージンオリーブオイルには、健康的な一価不飽和脂肪が多く含まれます。

file grater
板状のおろし器
小さい刃が多数ついていて、柑橘類の皮を削ったり、ショウガ、ナツメグ、パルメザンチーズ、チョコレートをおろすのに最適です。Microplaneの製品をおすすめします。

filtered water
浄水器を通した水
浄水器のカーボンブロックを通した水。鉛、水銀などの重金属や塩素などの化学物質が取り除かれる。調理台の上かシンクの下に、Aquasana社のフィルターをつけることをおすすめします。

F

flaxseeds
フラックスシード
小さな種子。ブラウン（茶色）とゴールデン（黄色）を購入可能。オメガ3脂肪酸と繊維をとても多く含む。繊細な油を失わないようにするには、生のまま摂取する必要がある。たべる直前にコーヒーミルで挽きましょう。

flaxseed oil
アマニ油
オメガ3脂肪酸を豊富に含む栄養価の高い油。サプリメントとしてサラダやスムージーに入れて、1日に大さじ1～2摂取することを推奨します。アマニ油はとても繊細なので、絶対に熱を加えてはいけません。Barleans社、Omega Nutrition社のアマニ油をおすすめします。

food processor
フードプロセッサー
本体から取り外せる容器とつけかえ可能な刃を持つ器械。食材をみじん切り、すりつぶし、ピュレ、薄切り、細切りにすることができる。少なめであれば、Cuisinart社のPro Plus（3カップサイズ）をおすすめします。大きめであれば、Cuisinart社の7、11、14カップサイズをおすすめします。7カップでも普段の家事では問題ないと思いますが、大勢用の食事を用意する場合は14カップのフードプロセッサーが不可欠です。100ドル以下で購入可能な製品の中では、Hamilton Beach社の14カップサイズのフードプロセッサーが優れています。

frisee
フリゼ
少し苦味があり、軽い食感のサラダむきの葉野菜です。メスクランのサラダに使われることが多いです。手に入らなければ、カーリーエンダイブで代用しましょう。

G

glycemic index
GI値
食材が血糖値をどれだけ上げるかを計測し数値化した指標。

goji berries
クコの実
果物の中で一番栄養の密度が高い食材。完全タンパク質、ビタミンC、微量ミネラル群を豊富に含む。そのままたべても、浸水してフルーツスムージーに加えてもおいしいです。

green powders
グリーンパウダー
乾燥させた小麦、カムート、大麦の葉、藍藻、乾燥させた緑の葉野菜などから作られる、栄養価の高い自然食品。多くの品質の良い製品があります。Perfect Food (Garden of Life)、Green Kamut、Vitamineral Green、Pure Synergyなどを使ったことがあります。

H

hemp seeds
麻の実
これらの小さな、マイルドな風味の種は、完全タンパク質とオメガ3脂肪酸が濃縮されています。コーヒーミルで挽いてジュースやスムージーに入れることをおすすめします。

honing steel
ホーニングスチール
包丁の刃を鋭く保つために研ぐ長い棒。スチールに包丁を20度傾けて、刃元から刃先へ向かって包丁を引く。刃の両側ごとに数回繰り返す。

hydrogenated oils
水素化油
水素ガスを注入し高温で硬化した植物性の油。健康に良くない油。このプロセスにより必須脂肪酸が破壊され、トランス脂肪酸が作られる。

I

ice cream maker
アイスクリームメーカー
容器をパドルで回転させてアイスクリームを作る器械。使用前に容器を数時間冷凍庫で冷やす必要がある。Cuisinart社の60ドルぐらいの製品をおすすめします。

J

juicer
ジューサー
野菜や果物からジュースを抽出する電気器具。栄養素を最大限に抽出し保存できる、低速、低温回転の器械が良いです。Tribest 社のジューサー（Solostar と Green Star）と Omega 8003 がおすすめです。

julienne
千切り
マッチ棒のような形に切る。

K

kale
ケール
濃い緑色で皺の寄った、アブラナ科の野菜。カーリーグリーンケール、レッドケール、ダイナソーケール（別名ラシナトケール）などの種類がある。細切りにしやすく、ジューサーに入れやすいダイナソーケールが気に入っています。

kitchen scissors
キッチンバサミ
高品質のキッチンバサミがあれば、ブロッコリーの房、ケールの細切り、プラスチックの袋の開封がかんたんにできます。

knife block
ナイフスタンド
ナイフを保管できる木製のブロック。カウンターに置いておけるので、包丁を安全に管理しながらすぐに使うことができます。カウンターを広く使いたい場合は、引き出しの中にしまえる包丁入れを購入しましょう。

knife sharpener
包丁研ぎ器
天然の砥石と研ぎ器の2種類がある。砥石を使うには、まず説明書を読み、水か鉱油に浸ける必要があるかどうか確認する。そして、包丁を砥石に20度傾けて置き、刃元から刃先に向かって数回引く。反対側も同様に研ぐ。包丁研ぎ器を使うには（Chef's Choice の研ぎ器か、包丁のブランドに個別に対応している研ぎ器がおすすめです。）、説明書を読みましょう。刃がギザギザのナイフやセラミック製のナイフ、高品質のナイフは専門家に研いでもらいましょう。

M

mandoline
野菜スライサー
野菜や果物を均一に薄切り、千切りにする器具。様々な刃が選べる。ステンレスの野菜スライサーは普通100ドル以上しますが、安価な日本製の野菜スライサー（25ドル以下）でも構いません。OXO 社の Good Grips Mondoline と Broner 社の V-字型のスライサーもおすすめです。京セラのセラミックの野菜スライサーもあります。ステンレスの刃よりも長持ちし、食材の味や色を劣化させません。刃が一種類なので厚さを変更できませんが、キュウリやタマネギを薄切りにするのに適しています。

maple sugar
メープルシュガー
メープルシュガーは、サトウカエデの樹液を、メープルシロップを作るときよりも長く煮詰めることによって作られます。ケーンシュガーのかわりに使うことができます。

marinate
マリネ
油、（柑橘類の果汁などの）酸、塩で作られたドレッシングに食材を浸すこと。食材を味付けし柔らかくする。

mason jars
ガラスビン
ガラスビンは様々な用途で利用できる。食材、ドレッシング、ソースを保管する。ナッツや種子を浸水する。グリーンパウダーやフラックスシードを挽

いたものをフルーツジュースとシェイクする。飲み物やスープを入れて持ち運ぶ。スプラウトを育てる。500ccか1リットルのサイズで、広口で、ふたが金属製のものをおすすめします。

medjool date
マジョールデーツ

「天然のキャンディー」と呼ばれる甘くてべとべとする果物。琥珀色で皺がよっている皮、噛み応えのある食感。ローフードのレシピではデーツを粉砕するので柔らかいものが適しています。常に柔らかいデーツを購入するようにしましょう。種つきの商品の方が、すでに種が取ってあるものよりも新鮮です。種は自分で取りましょう。マジョールデーツは一番大きく一番甘く柔らかいデーツです。ハニーデーツ、ハラウィーデーツ、ブラックスフィンクスデーツもおすすめです。密閉された容器にいれて冷蔵庫に保存しましょう。マジョールデーツは6ヶ月持ちます。

mesclun greens
メスクラン

若く柔らかいミックスサラダです。ベビーロメイン、レッドリーフ、オークリーフレタス、ルッコラ、フリゼ、マシェ、チコリなどで構成されます。葉がしっかりして、しおれてかけていないものを選びましょう。ビニール袋に入れて冷蔵庫で保存し、最長で5日間持ちます。使う直前に洗って水切りしましょう。

mince
みじん切り

とても細かく刻むこと。タマネギ、セロリ、ニンニク、ショウガ、生のハーブなどをよくみじん切りにする。

miso
味噌

塩と醗酵させた大豆から作られるペースト。酵素と身体に良い細菌を豊富に含む。殺菌されていない味噌を買いましょう。白味噌がおすすめです。甘くてマイルドな味で、スープやソースにコクのある旨みを添えることができます。

N

nori seaweed
海苔

薄く伸ばし乾燥させた海草。寿司を巻くのに使われる。生のものと焼いたものがある。

P

parfait
パフェ

アイスクリーム、ムース、果物、デザートソース、ホイップクリームを重ねて作るデザート。細長い容器やワイングラスに盛り付ける。

pâté
パテ

タマネギ、塩、ハーブなどでしっかり味付けし、よく粉砕されたフィリング。ローのパテはナッツ、種子、野菜から作る。

phytonutrients
フィトケミカル

植物に含まれる栄養素。免疫システムを強化し、エイジングを遅らせ、心臓病やがんを予防すると考えられている。有名なフィトケミカルには、バイオフラボノイド、カロチノイド、リコピン、クロロフィルなどがある。

portobello mushrooms
ポートベロマッシュルーム

大きめのクレミニマッシュルーム。肉のような食感です。パテやディップを詰めればかんたんにメインディッシュを作れます。

protein powder
プロテインパウダー

食生活に不足しがちなタンパク質を補給する、精製されたサプリメント。プロテインパウダーはホエイ、牛乳、たまご、大豆、玄米、麻の実などから作られます。Garden of Life 社の Goatein Pure Goat's Milk Protein と Nutiva 社の Raw Organic Hemp Protein Powder と Nature' s First Law 社の Thor's Raw Power! Protein Superfood Blend がおすすめです。

pumpkin seed oil
パンプキンシードオイル
ナッツの味がする低温圧搾の油。サラダに使うとおいしいです。パンプキンシードオイルは、必須脂肪酸を多く含み、ホルモンのバランスを取ると考えられています。Omega Nutrition 社のオイルがおすすめです。

R

radicchio
赤チコリ
コショウのように苦く、歯ごたえのあるサラダ用の野菜。赤色と白色の葉で引き締まった根元です。

ramekin
ココット皿
セラミック製の小皿。直径約8センチ、容量約170グラム。コブラー、ムース、プディングを1人分ずつ盛り付けるのに適しています。

raw food
ローフード
未加工で未精製で非加熱のたべもの。

raw honey
生ハチミツ
加熱していない純粋な天然のハチミツ。ローハニーには酵素が豊富に含まれる。

raw olives
生のオリーブ
低温で天日干しし、化学物質を使わずに自然保存されたオリーブ。

raw milk cheese
生のミルクチーズ
牛、ヤギ、羊の牛乳から作られた殺菌処理されていないチーズ。ミネラルと酵素を豊富に含み、殺菌処理されたものよりも簡単に消化できる。

rice paper
ライスペーパー
米粉と水で作られた春巻き用の円い皮。乾燥した状態で売っているので、水に濡らしてから使う。

romaine heart
ロメインハート
水気の多い中心部分だけを残したロメインレタス。3個でまとめられて売られていることが多い。

S

salad spinner
サラダスピナー
サラダ用の葉野菜を洗って水を切る機械。ドレッシングとトスする前に、できるだけ水を切れる。

salt, unrefined
粗塩
天日干しした塩。天然のミネラルが失われていない。ケルティック・シーソルトとヒマラヤン・クリスタルソルトがおすすめです。

saturated fat
飽和脂肪
室温で固体の油。高脂肪の乳製品、赤肉、ココナッツオイル、ココアバター、パーム核油、パーム油などに多く含まれる。飽和脂肪は他の油にくらべて熱に強いので、ソテーする時にはココナッツオイルがおすすめです。オリーブオイルは幾分か飽和脂肪も含みますが、単不飽和油も含むので、低温でソテーすることができます。

serrated knife, 5-inch
13センチの刃がギザギザのナイフ
小さく扱いやすいナイフ。トマトを切ったり、柑橘類の皮をむいたり、桃、プラム、キウイなどの柔らかい果物を薄切りにするのに最適です。

shallots
エシャロット
繊細な味わいの小さいネギ。ドレッシングやソースなどのフランス料理でよく使われる。

用語解説 | Index

shoyu, soy sauce
醤油
小麦と醗酵した大豆から作られる塩味の調味料。

spatula
へら
多目的に使われる用具。色々な形や大きさがあり、金属製のものとゴム製のものがある。へらの部分がしっかりしていて柔軟性のあるゴムベラは、フードプロセッサーから材料をかきだすのに最適です。へらの部分が小さいものを購入しましょう。ミキサーの底にある材料をかきだすことができます。柔軟性のある細長い金属製のへらはケーキを飾り付けるのに最適です。へらの部分が幅広い金属製のへらは、ケーキやパイの一切れを型から移動するのに欠かせません。ラザニア、ブラウニー、四角いケーキ用に長方形のへらを、パイやタルト用に三角形のへらを購入しましょう。

spring water
ミネラルウォーター
天然の泉からくみ出したミネラルを豊富に含む水。多くの高品質なブランドがあります。個人的にはTrinityとVossの味が好きです。

sprouts
スプラウト
浸水し、水切りし、発芽させたナッツ、種子、穀物、豆類。スプラウトにはビタミン、ミネラル、ファイトケミカル、タンパク質、アミノ酸が多く含まれます。

sprout bag
ナッツミルクバッグ
スプラウトを成長させるか、ナッツミルクやシードミルクをしぼる網の袋。

stevia
ステビア
自然の甘みを持つ南米のハーブ。カロリーや糖質がなく、血糖値を上げない。

sun-dried tomatoes
サンドライトマト
低温で乾燥したプラムトマト。噛み応えがあり甘酸っぱい。オイル漬け、もしくは乾燥した状態で売られている。乾燥したサンドライトマトは、使う前に30分浸水する。Sonomaブランドをおすすめします。

S blade
S型ブレード
フードプロセッサーに付随するS型の刃。みじん切り、挽く、ピューレ状にできる。

T

tahini
タヒニ
外皮を取り除いた生のゴマから作られるクリーミーなペースト。セサミバターは、外皮の付いた全粒のゴマから作られるので、より重ための食感と味になる。

tamari
たまり醤油
伝統的な日本の醤油。小麦を含まない。たまり醤油は濃く、しょっぱく、ワインのような味わいです。

tart pan
タルト型
側面が波型になった型で、焼き菓子作りに使われる。さまざまな形と大きさがある。円形と長方形があり、大きさは直径10〜30センチまで選べる。底が抜けるタルト型を購入しましょう。生地を壊さずに型から外すことができます。

trans-fats
トランス脂肪
植物性の油が水素化されるか、精製されるか、高温で過熱されるとトランス脂肪酸が生成されます。また、空気や光にさらされ続けて酸化したものは、トランス脂肪酸が生成されています。多くのスナック菓子、クラッカー、パン、クッキーには、これらの不自然な脂肪が含まれます。トランス脂肪は、必須脂肪酸の吸収を妨げ、代謝の不均衡を引き起こし、動脈に堆積します。

U

unhulled sesame seeds
外皮のついたゴマ
外皮の破られていない茶色のゴマ。外皮を取り除いた白いゴマよりも多くのカルシウムを含む。

V

vegetable spiral slicer
回転式野菜スライサー
「つけあわせ製造機」とも呼ばれる。ズッキーニなどの野菜を繊細な極細のスパゲッティーにする。

Vita-Mix
バイタミックス
高速でハイパワーなミキサー（ブレンダー）。スムージー、ソース、スープ、ナッツミルクを数秒で作ることができる。5200のモデルは、回転速度を調節できる。

W

watercress
クレソン
わずかにピリッとした苦味がある葉野菜。少量単位で売られている。

whole cane sugar
ケーンシュガー
自然な製法でサトウキビの果汁を圧縮し乾燥させ挽いたもの。Rapaduraブランドのケーンシュガーがおすすめです。もし入手困難であれば、代用にSuganat（未精製のケーンシュガーの略名）かメープルシロップを使いましょう。

whole oat groats
全粒オーツ麦の挽き割り
穏やかな甘みの柔らかな穀物。なじみのある押しオーツ麦の形に平らに処理される前のオーツ麦です。有効期限を長くするために蒸した製品もあるので、加熱されていないものを選びましょう。

Z

zest
ゼスト
柑橘類の一番外側の皮の部分。ゼスター、ピーラー、板状のおろし器などで削り取る。色のついた部分のみを取る。その下の白い皮は苦いので取らない。

Shop Index

Organic Nectors　オーガニックネクターズ
http://www.organicnectars.co.jp/
アガベシロップ等のロースイーツ食材販売

LIVING LIFE MARKETPLACE
http://www.livinglifemarketplace.com/
ローフード ＋ オーガニック食材専門店

LOHAS
http://www.rawfood-lohas.com/
ローフード通販ショップ

NamaKiss　ショコラ
http://www.namakiss.com/
（販売元　マザーアース・プロジェクト株式会社）
ロースイーツ製造販売

Natshell　ナッシェル
http://www.rakuten.ne.jp/gold/natshell/
ヴィーガン（ベジタリアン）対応・オーガニック・アーユルヴェーダ関連・フェアトレード商品

Shalimar de la TefuTefu
シャリマ・ドゥ・ラ・テフテフ
http://www.shalimardelatefutefu.com/
日本初のロースイーツ専門店

Recipe Index

レシピ一覧

■ Chapter 4
Advance Preparation
事前準備　　　　　　　　　p045

Almond Milk　　アーモンドミルク　　p046
Almond Butter　アーモンドバター　　p047
Ground Almonds　アーモンドパウダー　p047
Frozen Bananas　冷凍バナナ　　　　　p048
Pressed Cabbage　塩もみキャベツ　　　p048
Green Leafy Sprouts　スプラウト　　　p049
Crushed Garlic　ニンニクのみじん切り　p050
Lemon Juice　　レモン汁　　　　　　p050
Minced Parsley　パセリのみじん切り　p051
Soaked Oat Groats　浸水したオーツ麦　p051
Minced Onion　タマネギのみじん切り　p052

■ Chapter 5
Breakfast
朝食　　　　　　　　　　　p053

5.1　Juice　　　ジュース　　　　　p054
Apple Juice　　リンゴジュース　　　p055
Carrot Juice　　ニンジンジュース　　p055
Energizing-Purifying Juice
　　　　　　　　エネルギー浄化ジュース　p056
Grapefruit Juice　グレープフルーツジュース　p057
Fasting Juice　　断食用ジュース　　　p058
Green Juice　　グリーンジュース　　p059
Lemon Water　　レモン水　　　　　p060
Orange Juice　　オレンジジュース　　p060
V-7 Juice　　　手作り野菜ジュース　p061
5.2　Fruit　　　果物　　　　　　　p062
Applesauce　　アップルソース　　　p063
Berry Smoothie　ベリースムージー　　p064
Cantaloupe Smoothie
　　　　　　　　メロンスムージー　　p065
Piña Colada Smoothie
　　　　　　　　ピニャコラーダ・スムージー　p065

Berries and Almond Cream		
	ミックスベリーの	
	アーモンドクリーム添え	
		p066
Dried Fruit Compote		
	ドライフルーツの	
	コンポート	p066
Summer Fruit Platter		
	フルーツプレート	p067
Tropical Fruit Salad		
	トロピカルフルーツサラダ	
		p067
5.3　Cereal	シリアル	p068
Almond Sunflower Cereal		
	アーモンドとひまわり	
	の種のシリアル	p069
Granola	グラノーラ	p070
Muesli	ミューズリー	p071
Whole Oatmeal	オートミール	p072

■ Chapter 7
Lunch and Dinner
昼食と夕食　　　　　　　　　　p077

7.1　Dips, Pâtés, and Savory Sauces		
	ディップ、パテ、ソース	p078
Guacamole	ワカモレ	p079
Mock Sour Cream and Chive Dip		
	サワークリームと	
	アサツキのディップ	p080
Marinara Sauce	マリナラソース	p081
Mock Peanut Sauce		
	ピーナッツ風味の	
	ソース	p082
Olive Tapenade	タプナード	p083
Not Tuna Pâté	ツナ風パテ	p084
Salsa	サルサ	p085

Pesto	バジルペースト	p086
Walnut Pâté	クルミのパテ	p087
Sunflower Herb Pâté		
	ひまわりの種と	
	ハーブのパテ	p088
Zucchini Hummus		
	ズッキーニのフムス	p089
7.2　Soups	スープ	p090
Cream of Cucumber Soup		
	キュウリの	
	クリームスープ	p092
Cream of Tomato Soup		
	トマトの	
	クリームスープ	p093
Cream of Zucchini Soup		
	ズッキーニの	
	クリームスープ	p094
Garden Vegetable Soup		
	ガーデン	
	ベジタブルスープ	p095
Gazpacho	ガスパッチョ	p096
Miso Soup	味噌汁	p097
Papaya Lime Soup		
	パパイヤライム	
	スープ	p098
Spinach Apple Soup		
	ほうれん草とリンゴの	
	スープ	p099
7.3　Salads	サラダ	p100
Caesar Salad	シーザーサラダ	p102
Crudités	野菜スティック	p103
Garden Salad	ガーデンサラダ	p104
Grapefruit and Avocado Salad		
	グレープフルーツと	
	アボカドのサラダ	p105
Greek Salad	ギリシャ風サラダ	p106
Green Salad	グリーンサラダ	p107
Harvest Salad	ハーベストサラダ	p108
Jerusalem Salad	エルサレムサラダ	p109

レシピ一覧 | Recipe Index

Mango and Avocado Salad				ベジタブルサンドイッチ	p127
	マンゴーとアボカドのサラダ		7.6 Entrées	メインディッシュ	p128
		p110	Garden Wrap	ガーデンラップ	p129
Shaved Beet Salad			California Rolls	カリフォルニアロール	p130
	ビーツのサラダ	p111	Avocado Boats	アボカドボート	p131
Tricolor Salad	トリコロールサラダ	p112	Lasagna	ラザニア	p132
Caprese Salad	カプレーゼ	p113	Not Meat Balls	ローミートボール	p133
7.4 Salad Dressings			Mock Rice Pilaf	ローライスピラフ	p134
	ドレッシング	p114	Spring Rolls	生春巻き	p135
Classic Vinaigrette			Stuffed Mushrooms		
	フレンチドレッシング	p115		マッシュルームの詰め物	
Creamy Cucumber Dressing					p136
	キュウリのドレッシング	p116	Tomato Stacks	トマト重ね	p137
Pesto Dressing	バジルペーストのドレッシング		Zucchini Pasta al Pesto		
		p117		バジルペーストのズッキーニ	
Lemon Herb Dressing				スパゲッティー	p138
	レモンとハーブのドレッシング		Stuffed Bell Peppers		
		p118		パプリカの詰め物	p139
Sweet Mustard Dressing			7.7 Vegetable Side Dishes		
	スウィート・マスタード・			サイドディッシュ	p140
	ドレッシング	p119	Cucumbers with Fresh Mint		
Caeser Dressing	シーザードレッシング	p120		キュウリとミントのマリネ	
Tahini Lemon Dressing					p141
	ゴマとレモンのドレッシング		Carrots with Moroccan Spices		
		p121		ニンジンのモロッコ風マリネ	
7.5 Sandwiches					p142
	サンドイッチ	p122	Carrots with Parsley and Walnuts		
Guacamole Sandwich				ニンジンとクルミのマリネ	
	ワカモレの				p143
	サンドイッチ	p123	Coleslaw	コールスロー	p144
Hummus Sandwich			Latin American Cabbage		
	フムスのサンドイッチ	p124		ラテンアメリカ風	
Not Tuna Sandwich				コールスロー	p145
	ツナ風パテのサンドイッチ		Mediterranean Kale		
		p125		地中海風ケールサラダ	p146
Walnut Pâté Sandwich			Marinated Vegetables		
	クルミのパテのサンドイッチ			ブロッコリーのマリネ	p147
		p126			
Veggie Sub Sandwich			Southern Greens		

Index | 用語解説

	南部風グリーンサラダ	p148
Tabouli	タブーリ	p150
Swiss Chard with Pine Nuts and Raisins		
	スイスチャードと松の実と	
	レーズンのマリネ	p151

■ Chapter 8
Dessert
デザート　　　　　　　　　　p152

8.1　Cakes, Cookies, and Bars
ケーキ、クッキー、バー　p153

Walnut-Raisin Cake		
	クルミとレーズンのケーキ	
		p154
Apple Crumb Cake		
	リンゴのクランブルケーキ	
		p155
Spanish Fig Cake		
	スペイン風イチジクのケーキ	
		p156
Not Peanut Butter Cookies		
	ローピーナッツバターの	
	クッキー	p157
Flourless Chocolate Cake		
	チョコレートケーキ	p158
Almond Cookies	アーモンドクッキー	p160
Brownies	ブラウニー	p162

8.2　Crisps, Pies, and Tarts
コブラー、タルト　　　p163

Crumble Topping		
	クランブルトッピング	p164
Coconut Crust	ココナッツの生地	p165
Fig Crust	イチジクの生地	p165
Almond Crust	アーモンドの生地	p166
Walnut Crust	クルミの生地	p166
Apple Crisp	アップルコブラー	p167
Blackberry Crisp	ブラックベリーコブラー	p168
Key Lime Tart	キーライムタルト	p170
Apple Pie or Tart	リンゴのタルト	p172
Blueberry Pie or Tart		
	ブルーベリーのタルト	p174
Tropical Fruit Tart		
	トロピカルフルーツタルト	
		p176
Chocolate Tart with Strawberries		
	イチゴとチョコレートムース	
	のタルト	p177

8.3　Mousses, Puddings, and Sweet Sauces
ムース、プディング、ソース　　　p178

Key Lime Mousse		
	キーライムムース	p179
Chocolate Mousse		
	チョコレートムース	p180
Banana Pudding	バナナプディング	p182
Lemon Glaze	レモングレーズ	p183
Mango Pudding	マンゴープディング	p184
Sweet Orange Cream Sauce		
	オレンジクリームソース	p185
Raspberry Sauce	ラズベリーソース	p186
Vanilla Crème Sauce		
	バニラクリームソース	p187

8.4　Shakes and Ice Creams
シェイク、アイスクリーム　　　p188

Mango Sorbet	マンゴーシャーベット	p189
Banana Shake	バナナシェイク	p190
Vanilla Ice Cream		
	バニラアイスクリーム	p191

訳者あとがき

この本を手に取っていただいたみなさまへ

こんにちは！
ジェニファーさんのレシピブックに興味を持っていただいて
ありがとうございます。

みなさんは多分ローフードに興味があるんだと思うんですけれども
多分それぞれ目的は違うのかもしれないですよね。
それは健康だったり、アンチエイジングだったり、
スピリチュアリティーの向上だったり。

それぞれの目指すところは違っても
・そこに行くために必要なものは、外に売ってないみたいだ。
・どうやら、自分で作らないと、いけないみたいだ。
と思われているということは、一致しているかもしれないですね。
僕も、そのひとりです。

自分がたべていきたいもの
家族や友人にたべてもらいたいもの
おいしいもの
まいにち続けられるもの
を探して来た、ひとりです。

2009年ローフードを知り、台所で試行錯誤しました。
何冊か購入したローフードレシピの洋書の中で
この『ローフードBASICS』の原著が一番役に立ってくれました。

ローフードの基本を身につけることを助けてくれたこの本を
翻訳する機会をいただけて、ほんとうに嬉しいです。
楽しんで読んでいただけますように。
そして、ジェニファーさんの親切設計が徹底したレシピが
少しでもみなさまのお役に立てば幸いです。

楽しいローフード生活をお過ごしください！

前田直宏

著者&訳者プロフィール

ジェニファー・コーンブリート | Jennifer Cornbleet

世界的にも知名度の高いローフードのインストラクター。
ローフードシェフの養成校リビングライト・カリナリー・アーツ・インスティテュートにてインストラクターとして世界各国からの多くの生徒を指導。
本書『Raw Food Made Easy for 1 or 2 people』は10万部を突破。
http://www.learnrawfood.com

前田直宏 | Naohiro Maeda

1978年生まれ、横浜育ち。慶応大学卒業後、10年間コンピュータ会社にて勤務。菜食ベースの食生活で体調改善をしたのをきっかけに09年にローフードと出会い、そのおいしさと気持ちよさにすっかりはまる。カリフォルニアのローフードシェフ養成校、リビングライト・カリナリー・アーツ・インスティテュートや、ニューヨークのローヴィーガンレストラン、ピュアフード・アンド・ワインにて、ローの調理技術を学ぶ。
11年、スペインの巡礼路を41日間かけて歩き、サンティアゴ巡礼を達成。

オフィシャルホームページ「Remember The Lemon」
http://www.rememberthelemon.net/
ブログ「ローフードレシピ&ロースイーツレシピ」
http://ameblo.jp/rememberthelemon/
メルマガ「ローフーディストのための栄養学」
http://www.mag2.com/m/0001351112.html

ローフードBASICS
基本が身につく、学べる、ローフードの王道レシピ&TIPS

2012年04月30日　第1刷発行　＜検印省略＞

著者　　ジェニファー・コーンブリート
訳者　　前田直宏
発行者　斎藤信二

発行所　株式会社 高木書房
　　　　114-0012　東京都北区田端新町1-21-1-402
　　　　電話：03-5855-1280
　　　　FAX：03-5855-1281

印刷・製本 日本ハイコム株式会社
乱丁・落丁本は送料当社負担にてお取り替えします。

©Jennifer Cornbleet, Naohiro Maeda 2012
Printed in Japan
ISBN978-4-88471-425-3